Saveurs de la Méditerranée
Recettes Authentiques pour une Cuisine ensoleillée

Sophie Durand

Contenu

Kushari 10

Boulgour aux tomates et pois chiches 13

Macaroni au maquereau 15

Maccheroni aux tomates cerises et anchois 17

Risotto au citron et crevettes 19

Spaghetti aux moules 21

Soupe de poisson grecque 23

Riz Venere aux crevettes 26

Pennette au saumon et vodka 28

Carbonara aux fruits de mer 30

Garganelli au pesto de courgettes et crevettes 32

risotto au saumon 35

Pâtes aux tomates cerises et anchois 37

Orecchiette au brocoli et saucisses 39

Risotto aux endives et lardons fumés 41

Pâtes à la génoise 43

Pâtes au chou-fleur de Naples 46

Pâtes et fagioli aux oranges et fenouil 48

Spaghetti au citron 50

Couscous aux légumes épicés 51

Riz au four assaisonné de fenouil 53

Couscous à la marocaine aux pois chiches 55

Paella végétarienne aux haricots verts et pois chiches 57

Crevettes à l'ail, tomates et basilic 59

Paëlla aux crevettes	61
Salade de lentilles aux olives, menthe et feta	63
Pois chiches à l'ail et au persil	65
Pois chiches vapeur aux aubergines et tomates	67
Riz grec au citron	69
Riz aux herbes d'ail	71
Salade de riz méditerranéenne	73
Salade de haricots frais et de thon	75
Délicieuses pâtes au poulet	77
Saveurs de bol de riz taco	79
Délicieux macaroni au fromage	81
Riz aux concombres et olives	83
Saveurs Risotto aux herbes	85
Délicieuses pâtes Primavera	87
Pâtes aux poivrons au four	89
Fromage Basilic Tomates Riz	91
Macaroni au fromage	93
pâtes au thon	95
Panini mélange avocat et dinde	97
Wrap au concombre, poulet et mangue	99
Fattoush - Pain du Moyen-Orient	101
Moules au vin blanc	103
Saumon à l'aneth	105
Saumon lisse	107
Mélodie avec ton	108
fromage de mer	109
Des steaks sains	110

saumon aux herbes 111

Thon glacé fumé 112

Flétan croustillant 113

Ton approprié 114

Steaks de poisson chauds et frais 115

Coquillages O'Marine 116

Rôti de bœuf méditerranéen au four lent..117

Bœuf méditerranéen à la mijoteuse et artichauts 119

Steak maigre méditerranéen dans une mijoteuse 121

Rôtir de la viande dans une mijoteuse 123

Hoagies au bœuf méditerranéen à la mijoteuse................................125

Rôti de porc méditerranéen 127

pizza au boeuf..129

Boulettes de bœuf et boulgour 132

Délicieux bœuf et brocoli 134

Corned-beef au chili 135

Plat de boeuf balsamique..137

Rôti de boeuf à la sauce soja 139

Rôti de boeuf au romarin 141

Côtelettes de porc et sauce tomate 143

Poulet à la sauce aux câpres..144

Burger de dinde avec salsa de mangue 146

Poitrine de dinde rôtie aux herbes 148

Saucisse de poulet et paprika 150

Poulet Piccata 152

Poulet toscan dans une poêle 154

Poulet Kapama...156

Poitrine de poulet farcie aux épinards et feta 158

Cuisses de poulet rôties au romarin 160

Poulet aux oignons, pommes de terre, figues et carottes 161

Gyros de poulet au tzatziki 163

Moussaka 165

Filet de porc dijonnais et herbes 167

Steak sauce aux champignons et au vin rouge 169

Boulettes de viande à la grecque 172

Agneau aux haricots 174

Poulet à la sauce tomate balsamique 176

Salade de riz brun, feta, petits pois frais et menthe 178

Pain pita de blé entier farci aux olives et pois chiches 180

Carottes rôties aux noix et haricots cannellini 182

Poulet au beurre épicé 184

Poulet au double fromage et bacon 186

Crevettes au citron et poivre 188

Flétan cuit et assaisonné 190

Un simple zoodle 192

Wraps de lentilles pour tomates 193

Plat de légumes méditerranéen 195

Garnir de légumes grillés et de houmous 197

Haricots verts espagnols 199

Hachis rustique de chou-fleur et de carottes 200

Chou-fleur et tomates au four 201

Courge poivrée au four 203

Épinards à l'ail frit 205

Courgettes rôties à l'ail et à la menthe 207

Compote de gombo 208

Poivrons doux farcis aux légumes 210

Moussaka aux aubergines 212

Feuilles de vigne farcies aux légumes... 214

Rouleaux d'aubergines grillés 216

Kishuves croustillants aux courgettes 218

Kushari

Temps de préparation : 25 minutes

il est temps de cuisiner: 1 heure et 20 minutes

Portions : 8

Difficulté : difficile D

Ingrédients:

- Pour la sauce
- 2 cuillères à soupe d'huile d'olive
- 2 gousses d'ail, hachées
- 1 boîte (16 onces) de sauce tomate
- ¼ tasse de vinaigre blanc
- ¼ tasse de harissa ou achetée en magasin
- 1/8 cuillère à café de sel
- Pour le riz
- 1 tasse d'huile d'olive
- 2 oignons, tranchés finement
- 2 tasses de lentilles brunes sèches
- 4 litres plus ½ tasse d'eau, divisés
- 2 tasses de riz à grains ronds
- 1 cuillère à café de sel
- 1 kilo de pâtes courtes coudées
- 1 boîte (15 onces) de pois chiches, égouttés et rincés

Instructions:

Pour préparer la sauce

Faites chauffer l'huile d'olive dans une casserole. Faites frire l'ail. Incorporer la sauce tomate, le vinaigre, la harissa et le sel. Portez la sauce à ébullition. Réduire le feu à doux et laisser mijoter pendant 20 minutes ou jusqu'à ce que la sauce épaississe. Retirer et réserver.

Faire du riz

Tapisser une assiette de papier absorbant et réserver. Faites chauffer l'huile d'olive dans une grande poêle à feu moyen-vif. Faites revenir l'oignon en remuant souvent jusqu'à ce qu'il devienne croustillant et doré. Placer l'oignon sur l'assiette préparée et réserver. Réservez 2 cuillères à soupe d'huile pour la cuisson. Réservez une poêle.

Mélanger les lentilles et 4 tasses d'eau dans une casserole à feu vif. Porter à ébullition et laisser mijoter 20 minutes. Égoutter et arroser de 2 cuillères à soupe d'huile de cuisson réservée. Reporter. Réservez un pot.

Placez la poêle dans laquelle vous avez fait revenir les oignons à feu moyen-vif et ajoutez le riz, 4½ tasses d'eau et le sel. On porte à ébullition. Réduire le feu et laisser mijoter 20 minutes. Éteignez et laissez reposer 10 minutes. Dans la même casserole dans laquelle vous avez fait cuire les lentilles, portez à ébullition les 8 tasses d'eau salée restantes à feu vif. Ajouter les nouilles et cuire 6 minutes ou selon les instructions sur l'emballage. Égoutter et réserver.

monter

Disposez le riz dans une assiette de service. Garnir de lentilles, de pois chiches et de pâtes. Arroser de sauce tomate épicée et parsemer d'oignons frits croustillants.

Nutrition (pour 100 g) : 668 calories 13 g de matières grasses 113 g de glucides 18 g de protéines 481 mg de sodium

Boulgour aux tomates et pois chiches

Temps de préparation : 10 minutes

il est temps de cuisiner: 35 minutes

Portions : 6

Niveau de difficulté : Moyen

Ingrédients:

- ½ tasse d'huile d'olive
- 1 oignon, haché
- 6 tomates en dés ou 1 tomate en dés (16 onces).
- 2 cuillères à soupe de purée de tomates
- 2 tasses d'eau
- 1 cuillère à soupe de harissa ou du commerce
- 1/8 cuillère à café de sel
- 2 tasses de boulgour grossier
- 1 boîte (15 onces) de pois chiches, égouttés et rincés

Instructions:

Dans une casserole à fond épais, faites chauffer l'huile d'olive à feu moyen-vif. Faites revenir l'oignon, ajoutez les tomates et leur jus et laissez cuire 5 minutes.

Mélangez le concentré de tomate, l'eau, la harissa et le sel. On porte à ébullition.

Mélangez le boulgour et les pois chiches. Portez le mélange à ébullition. Réduire le feu à doux et laisser mijoter 15 minutes. Laisser reposer 15 minutes avant de servir.

Nutrition (pour 100 g) : 413 calories 19 g de matières grasses 55 g de glucides 14 g de protéines 728 mg de sodium

Macaroni au maquereau

Temps de préparation : 10 minutes

il est temps de cuisiner: 15 minutes

Portions : 4

Niveau de difficulté : Facile

Ingrédients:

- 12 onces de macaronis
- 1 gousse d'ail
- 14 onces de sauce tomate
- 1 brin de persil haché
- 2 piments frais
- 1 cuillère à café de sel
- 7 oz de maquereau à l'huile
- 3 cuillères à soupe d'huile d'olive extra vierge

Instructions:

Commencez par porter l'eau à ébullition dans une casserole. Pendant que l'eau chauffe, prenez une casserole, versez un peu d'huile et un peu d'ail et faites cuire à feu doux. Une fois l'ail cuit, retirez-le de la poêle.

Coupez le piment en deux, retirez les graines intérieures et coupez-le en fines lanières.

Ajoutez l'eau de cuisson et le piment dans la même poêle qu'avant. Prenez ensuite le maquereau et, après avoir égoutté l'huile et l'avoir séparé avec une fourchette, ajoutez-le dans la poêle avec les autres ingrédients. Faites-le frire légèrement en ajoutant de l'eau de cuisson.

Lorsque tous les ingrédients sont bien incorporés, ajoutez la purée de tomates dans la poêle. Bien mélanger pour répartir uniformément tous les ingrédients et cuire à feu doux pendant environ 3 minutes.

Passons aux nouilles :

Une fois que l'eau commence à bouillir, ajoutez le sel et les pâtes. Une fois les macaronis légèrement al dente, égouttez-les et ajoutez-les à la sauce que vous avez préparée.

Faire bouillir brièvement dans la sauce et assaisonner de sel et de poivre au goût.

Nutrition (pour 100 g) : 510 calories 15,4 g de matières grasses 70 g de glucides 22,9 g de protéines 730 mg de sodium

Maccheroni aux tomates cerises et anchois

Temps de préparation : 10 minutes

il est temps de cuisiner: 15 minutes

Portions : 4

Niveau de difficulté : Facile

Ingrédients:

- 14 oz de pâtes macaronis
- 6 anchois salés
- 4 onces de tomates cerises
- 1 gousse d'ail
- 3 cuillères à soupe d'huile d'olive extra vierge
- Piments frais au goût
- 3 feuilles de basilic
- Sel au goût

Instructions:

Commencez par faire chauffer de l'eau dans une casserole et ajoutez du sel pendant qu'elle bout. Pendant ce temps, préparez la sauce : après avoir lavé les tomates, prenez-les et coupez-les en 4 morceaux.

Maintenant, prenez une poêle antiadhésive, versez un filet d'huile et jetez-y une gousse d'ail. Retirer de la poêle après la cuisson. Mettez les anchois propres dans la poêle et dissolvez-les dans l'huile.

Lorsque les anchois sont bien dissous, ajoutez les tomates concassées et augmentez le feu jusqu'à ce qu'elles ramollissent (attention à ne pas les ramollir).

Ajouter les piments sans pépins, coupés en petits morceaux et assaisonner.

Mettez les nouilles dans une casserole d'eau bouillante, égouttez-les al dente et faites cuire un moment dans la casserole.

Nutrition (pour 100 g) : 476 calories 11 g de matières grasses 81,4 g de glucides 12,9 g de protéines 763 mg de sodium

Risotto au citron et crevettes

Temps de préparation : 10 minutes

il est temps de cuisiner: 30 minutes

Portions : 4

Niveau de difficulté : Facile

Ingrédients:

- 1 citron
- 14 onces de crevettes décortiquées
- 1 ¾ tasse de riz pour risotto
- 1 oignon blanc
- 33 onces liquides. oz (1 litre) de bouillon de légumes (moins c'est bien)
- 2 ½ cuillères à soupe de beurre
- ½ verre de vin blanc
- Sel au goût
- Poivre noir au goût
- ciboulette au goût

Instructions:

Commencez par faire bouillir les crevettes dans de l'eau salée pendant 3 à 4 minutes, égouttez-les et réservez.

Nettoyez et hachez finement l'oignon, faites-le revenir dans du beurre fondu et, une fois le beurre séché, faites revenir le riz dans une poêle pendant quelques minutes.

Versez un demi-verre de vin blanc sur le riz, puis ajoutez le jus d'1 citron. Incorporez le riz et terminez la cuisson en ajoutant une cuillère à soupe de bouillon de légumes selon vos besoins.

Mélangez bien et quelques minutes avant la fin de la cuisson, ajoutez les crevettes préalablement cuites (en réservant un peu pour la décoration) et un peu de poivre noir.

Une fois le feu calmé, ajoutez une noix de beurre et remuez. Le risotto est prêt à servir. Garnir du reste de crevettes et parsemer de ciboulette.

Nutrition (pour 100 g) : 510 calories 10 g de matières grasses 82,4 g de glucides 20,6 g de protéines 875 mg de sodium

Spaghetti aux moules

Temps de préparation : 10 minutes

il est temps de cuisiner: 40 minutes

Portions : 4

Niveau de difficulté : Facile

Ingrédients:

- 11,5 onces de spaghettis
- 2 kilogrammes de palourdes
- 7 onces de sauce tomate ou de pâte de tomate pour la version rouge de ce plat
- 2 gousses d'ail
- 4 cuillères à soupe d'huile d'olive extra vierge
- 1 verre de vin blanc sec
- 1 cuillère à soupe de persil finement haché
- 1 piment fort

Instructions:

Commencez par laver les palourdes : ne « nettoyez » jamais les palourdes : elles ne doivent être ouvertes qu'à la chaleur, sinon leur précieux liquide interne sera perdu avec le sable. Lavez rapidement les palourdes dans une passoire dans un saladier : cela filtre le sable des coquilles.

Mettez ensuite immédiatement les moules égouttées dans une casserole avec un couvercle sur feu vif. Retournez-les de temps en temps, et lorsqu'ils sont presque tous ouverts, retirez-les du feu. Les coquilles qui restent fermées sont mortes et doivent être retirées. Retirez les palourdes ouvertes et laissez-en un côté entier pour décorer les plats. Égoutter le liquide restant du fond de la casserole et réserver.

Prenez une grande poêle et versez-y un peu d'huile. Faites chauffer un poivron entier et une ou deux gousses d'ail écrasées à feu très doux jusqu'à ce que les gousses soient dorées. Ajouter les moules et assaisonner de vin blanc sec.

Ajoutez maintenant le liquide de moules préalablement égoutté et du persil finement haché.

Égouttez les spaghettis et immédiatement après la cuisson, jetez-les dans la casserole dans une quantité suffisante d'eau salée jusqu'à ce qu'ils soient al dente. Bien mélanger jusqu'à ce que les spaghettis aient absorbé tout le liquide des palourdes. Si vous n'avez pas utilisé de piments, complétez avec une légère pincée de poivre blanc ou noir.

Nutrition (pour 100 g) : 167 calories 8 g de matières grasses 8,63 g de glucides 5 g de protéines 720 mg de sodium

Soupe de poisson grecque

Temps de préparation : 10 minutes

il est temps de cuisiner: 60 minutes

Portions : 4

Niveau de difficulté : Facile

Ingrédients:

- Merlu ou autre poisson blanc
- 4 pommes de terre
- 4 oignons nouveaux
- 2 carottes
- 2 branches de céleri
- 2 tomates
- 4 cuillères à soupe d'huile d'olive extra vierge
- 2 oeufs
- 1 citron
- 1 tasse de riz
- Sel au goût

Instructions:

Choisissez un poisson qui ne pèse pas plus de 2,2 kilogrammes, retirez les écailles, les branchies et les intestins et lavez-le bien. Assaisonner de sel et réserver.

Lavez les pommes de terre, les carottes et les oignons et ajoutez-les entiers dans une casserole avec suffisamment d'eau pour les ramollir et les porter à ébullition.

Ajoutez le céleri encore ficelé en bottes pour qu'il ne se dissolve pas à la cuisson, coupez les tomates en quatre et ajoutez-les avec l'huile et le sel.

Lorsque les légumes sont presque prêts, ajoutez de l'eau et du poisson. Cuire 20 minutes puis retirer du bouillon avec les légumes.

Mettez le poisson dans un bol de service, décorez de légumes et égouttez le bouillon. Remettez le bouillon sur le feu et diluez-le avec un peu d'eau. Une fois cuit, ajoutez le riz et assaisonnez de sel. Une fois le riz cuit, retirez la casserole du feu.

Préparez la sauce Avgolemono :

Battez bien les œufs et ajoutez lentement le jus de citron. Versez un peu de bouillon dans une louche et versez lentement les œufs en remuant constamment.

Enfin, ajoutez la sauce obtenue à la soupe et mélangez bien.

Nutrition (pour 100 g) : 263 calories 17,1 g de matières grasses 18,6 g de glucides 9 g de protéines 823 mg de sodium

Riz Venere aux crevettes

Temps de préparation : 10 minutes

il est temps de cuisiner: 55 minutes

Portions : 3

Niveau de difficulté : Facile

Ingrédients:

- 1 ½ tasse de riz noir Venere (préparé c'est mieux)
- 5 cuillères à soupe d'huile d'olive extra vierge
- 10,5 onces de crevettes
- 10,5 onces de courgettes
- 1 citron (jus et zeste)
- sel de table au goût
- Poivre noir au goût
- 1 gousse d'ail
- Tabasco au goût

Instructions:

Commençons par le riz :

Après avoir rempli la casserole d'une grande quantité d'eau et l'avoir portée à ébullition, versez le riz, salez et laissez cuire le temps requis (voir les instructions de cuisson sur l'emballage).

Pendant ce temps, râpez la courgette sur une râpe à gros trous. Faites chauffer l'huile d'olive avec la gousse d'ail nettoyée dans une poêle, ajoutez les courgettes râpées, salez, poivrez et faites bouillir 5 minutes, retirez la gousse d'ail et réservez les légumes.

Maintenant, nettoyez les crevettes :

Retirez la peau, coupez la queue, coupez-la en deux dans le sens de la longueur et retirez les entrailles (la strie sombre descend le long du dos). Mettez les crevettes nettoyées dans un bol et assaisonnez avec de l'huile d'olive; Donnez-lui une saveur supplémentaire en ajoutant du zeste de citron, du sel et du poivre et en ajoutant quelques gouttes de Tabasco au goût.

Faites chauffer les crevettes dans une poêle chaude pendant quelques minutes. Réserver après la cuisson.

Une fois le riz Venere prêt, égouttez-le dans un bol, ajoutez le mélange de courgettes et mélangez.

Nutrition (pour 100 g) : 293 calories 5 g de matières grasses 52 g de glucides 10 g de protéines 655 mg de sodium

Pennette au saumon et vodka

Temps de préparation : 10 minutes

il est temps de cuisiner: 18 minutes

Portions : 4

Niveau de difficulté : Facile

Ingrédients:

- Pennette Rigate 14oz
- 7 onces de saumon fumé
- 1,2 once d'échalotes
- 1,35 once liquide. oz (40 ml) de vodka
- 5 onces de tomates cerises
- 7 onces de crème épaisse fraîche (je recommande la crème à base de plantes pour un plat plus léger)
- ciboulette au goût
- 3 cuillères à soupe d'huile d'olive extra vierge
- Sel au goût
- Poivre noir au goût
- basilic au goût (pour la garniture)

Instructions:

Lavez et hachez les tomates et la ciboulette. Après avoir nettoyé les échalotes, coupez-les avec un couteau, mettez-les dans une casserole et laissez-les mariner un moment dans de l'huile d'olive extra vierge.

Pendant ce temps, coupez le saumon en lanières et faites-le revenir avec l'huile et les échalotes.

Mélangez le tout avec de la vodka, attention, cela pourrait prendre feu (si une flamme apparaît, ne vous inquiétez pas, elle s'atténuera une fois l'alcool complètement évaporé). Ajoutez les tomates concassées et ajoutez une pincée de sel et un peu de poivre au goût. A la fin, ajoutez la crème et la ciboulette ciselée.

Pendant que la sauce cuit, préparez les pâtes. Une fois l'eau bouillie, versez la pennette et faites cuire al dente.

Égouttez les pâtes, mélangez les pennettes dans la sauce et laissez cuire un peu pour absorber toute la saveur. Garnir d'une feuille de basilic si désiré.

Nutrition (pour 100 g) : 620 calories 21,9 g de matières grasses 81,7 g de glucides 24 g de protéines 326 mg de sodium

Carbonara aux fruits de mer

Temps de préparation : 15 minutes

il est temps de cuisiner: 50 minutes

Portions : 3

Niveau de difficulté : Facile

Ingrédients:

- 11,5 onces de spaghettis
- 3,5 onces de thon
- 3,5 onces d'espadon
- 3,5 oz de sel de saumon
- 6 jaunes d'œufs
- 4 cuillères à soupe de Parmigiano Reggiano
- 2 fl. oz (60 ml) de vin blanc
- 1 gousse d'ail
- Huile d'olive extra vierge au goût
- sel de table au goût
- Poivre noir au goût

Instructions:

Faites bouillir de l'eau dans une casserole et ajoutez un peu de sel.

Pendant ce temps, mettez 6 jaunes d'œufs dans un bol et ajoutez le parmesan râpé, le poivre et le sel. Fouetter et diluer avec un peu d'eau de cuisson de la casserole.

Retirez toutes les arêtes du saumon, écailler l'espadon et continuer à couper en dés le thon, le saumon et l'espadon.

Une fois cuites, incorporez les pâtes et faites cuire jusqu'à ce qu'elles soient légèrement al dente.

Pendant ce temps, faites chauffer un peu d'huile dans une grande poêle et ajoutez une gousse d'ail entière pelée. Une fois l'huile chaude, ajoutez les dés de poisson et faites revenir à feu vif pendant environ 1 minute. Retirez l'ail et ajoutez le vin blanc.

Une fois l'alcool évaporé, retirez les cubes de poisson et réduisez le feu. Une fois les spaghettis cuits, ajoutez-les à la poêle et faites cuire en remuant constamment pendant environ une minute, en ajoutant de l'eau de cuisson au besoin.

Versez le mélange de jaunes d'œufs et les cubes de poisson. Bien mélanger. Servir.

Nutrition (pour 100 g) : 375 calories 17 g de matières grasses 41,40 g de glucides 14 g de protéines 755 mg de sodium

Garganelli au pesto de courgettes et crevettes

Temps de préparation : 10 minutes

il est temps de cuisiner: 30 minutes

Portions : 4

Niveau de difficulté : Moyen

Ingrédients:

- 14 onces de Garganelli. à base d'œuf
- Pour le pesto de potiron :
- 7 onces de courgettes
- 1 tasse de pignons de pin
- 8 cuillères à soupe (0,35 once) de basilic
- 1 cuillère à café de sel de table
- 9 cuillères à soupe d'huile d'olive extra vierge
- 2 cuillères à soupe de parmesan pour le rasage
- 1 once de pecorino râpé
- Pour les crevettes mariées :
- 8,8 onces de crevettes
- 1 gousse d'ail
- 7 cuillères à soupe d'huile d'olive extra vierge
- pincée de sel

Instructions:

Commencez par préparer le pesto :

Après lavage, râpez les courgettes, mettez-les dans une passoire (pour qu'elles perdent un peu de liquide en excès) et salez légèrement. Mettez les pignons de pin, les courgettes et les feuilles de basilic dans un mixeur. Ajouter le parmesan râpé, le pecorino et l'huile d'olive extra vierge.

Mélanger jusqu'à consistance lisse, ajouter une pincée de sel et réserver.

Passons aux crevettes :

Tout d'abord, retirez les entrailles en coupant le dos des crevettes avec un couteau dans le sens de la longueur et en utilisant la pointe du couteau pour retirer le fil noir de l'intérieur.

Faites frire la gousse d'ail dans une poêle avec de l'huile d'olive extra vierge. Lorsqu'il est doré, retirez l'ail et ajoutez les crevettes. Faire frire à feu moyen-vif pendant 5 minutes jusqu'à ce qu'une croûte croustillante se forme à l'extérieur.

Portez ensuite à ébullition une casserole d'eau salée et faites cuire les garganelli. Réservez quelques cuillères à soupe d'eau de cuisson et égouttez les pâtes al dente.

Placez les garganelli dans la poêle dans laquelle vous avez cuit les crevettes. Faites cuire ensemble une minute, ajoutez une cuillerée d'eau de cuisson et enfin ajoutez le pesto de potiron.

Bien mélanger pour combiner les pâtes avec la sauce.

Nutrition (pour 100 g) : 776 calories 46 g de matières grasses 68 g de glucides 22,5 g de protéines 835 mg de sodium

risotto au saumon

Temps de préparation : 10 minutes

il est temps de cuisiner: 30 minutes

Portions : 4

Niveau de difficulté : Moyen

Ingrédients:

- 1 ¾ tasse (12,3 onces) de riz
- 8,8 onces de darnes de saumon
- 1 poireau
- Huile d'olive extra vierge au goût
- 1 gousse d'ail
- ½ verre de vin blanc
- 3 ½ cuillères à soupe de Grana Padano râpé
- Sel au goût
- Poivre noir au goût
- 17 onces liquides. oz (500 ml) de bouillon de poisson
- 1 tasse de beurre

Instructions:

Commencez par nettoyer le saumon et coupez-le en petits morceaux. Faites chauffer 1 cuillère à soupe d'huile dans une poêle avec une gousse d'ail entière et faites revenir le saumon pendant 2/3 minutes, salez et réservez le saumon, retirez l'ail.

Commencez maintenant à préparer le risotto :

Coupez les poireaux en très petits morceaux et faites-les revenir dans une poêle avec deux cuillères à soupe d'huile à feu doux. Incorporer le riz et cuire quelques secondes à feu moyen-vif en remuant avec une cuillère en bois.

Incorporez le vin blanc et poursuivez la cuisson en remuant de temps en temps, essayez de ne pas laisser le riz coller à la poêle, versez progressivement le bouillon (légume ou poisson).

A mi-cuisson, ajoutez le saumon, le beurre et une pincée de sel si besoin. Lorsque le riz est bien cuit, retirez-le du feu. Mélangez avec quelques cuillères à soupe de Grana Padano râpé et servez.

Nutrition (pour 100 g) : 521 calories 13 g de matières grasses 82 g de glucides 19 g de protéines 839 mg de sodium

Pâtes aux tomates cerises et anchois

Temps de préparation : 15 minutes

il est temps de cuisiner: 35 minutes

Portions : 4

Niveau de difficulté : Facile

Ingrédients:

- 10,5 onces de spaghettis
- 1,3 kilogrammes de tomates cerises
- 9 oz d'anchois (pré-nettoyés)
- 2 cuillères à soupe de câpres
- 1 gousse d'ail
- 1 petit oignon rouge
- persil au goût
- Huile d'olive extra vierge au goût
- sel de table au goût
- Poivre noir au goût
- Olives noires au goût

Instructions:

Émincez une gousse d'ail et coupez-la en fines tranches.

Coupez les tomates cerises en 2. Épluchez l'oignon et coupez-le en fines tranches.

Mettez un peu d'huile dans une casserole avec l'ail et l'oignon hachés. Faites chauffer le tout à feu moyen pendant 5 minutes ; remuer de temps en temps.

Lorsque le tout est bien assaisonné, ajoutez les tomates cerises ainsi qu'une pincée de sel et de poivre. Cuire 15 minutes. Pendant ce temps, mettez une casserole d'eau sur le feu et après ébullition, ajoutez le sel et les pâtes.

Lorsque la sauce est presque prête, ajoutez les anchois et laissez cuire quelques minutes. Mélangez délicatement.

Éteignez le feu, hachez le persil et ajoutez-le à la poêle.

Après ébullition, égouttez les pâtes et mélangez-les directement à la sauce. Remettez le feu quelques secondes.

Nutrition (pour 100 g) : 446 calories 10 g de matières grasses 66,1 g de glucides 22,8 g de protéines 934 mg de sodium

Orecchiette au brocoli et saucisses

Temps de préparation : 10 minutes

il est temps de cuisiner: 32 minutes

Portions : 4

Niveau de difficulté : Moyen

Ingrédients:

- 11,5 onces d'orecchiette
- 10,5 brocoli
- 10,5 onces de saucisse
- 1,35 once liquide. oz (40 ml) de vin blanc
- 1 gousse d'ail
- 2 brins de thym
- 7 cuillères à soupe d'huile d'olive extra vierge
- Poivre noir au goût
- sel de table au goût

Instructions:

Faites bouillir une casserole d'eau et de sel. Retirez les fleurons de brocoli de la tige et coupez-les en deux ou en quatre s'ils sont trop gros ; Ajoutez-le ensuite à l'eau bouillante, couvrez la casserole et faites bouillir pendant 6 à 7 minutes.

Pendant ce temps, hachez finement le thym et réservez. Retirez le boyau de la saucisse et écrasez-la légèrement avec une fourchette.

Faites revenir une gousse d'ail dans un peu d'huile d'olive et ajoutez le saucisson. Au bout de quelques secondes, ajoutez le thym et un peu de vin blanc.

Sans verser l'eau bouillante, prélevez le brocoli cuit avec une cuillère et ajoutez-le progressivement à la viande. Faites bouillir le tout pendant 3-4 minutes. Retirez l'ail et ajoutez une pincée de poivre noir.

Portez à ébullition l'eau dans laquelle vous avez fait cuire le brocoli, puis jetez-y les pâtes et laissez bouillir. Une fois les pâtes cuites, égouttez-les avec une écumoire et ajoutez-les directement à la sauce au brocoli. Mélangez ensuite bien, ajoutez du poivre noir et faites cuire le tout dans la poêle quelques minutes.

Nutrition (pour 100 g) : 683 calories 36 g de matières grasses 69,6 g de glucides 20 g de protéines 733 mg de sodium

Risotto aux endives et lardons fumés

Temps de préparation : 10 minutes

il est temps de cuisiner: 30 minutes

Portions : 3

Niveau de difficulté : Moyen

Ingrédients:

- 1 ½ tasse de riz
- 14 onces de chicorée
- 5,3 onces de bacon fumé
- 34 onces liquides. oz (1 L) de bouillon de légumes
- 3,4 onces liquides. oz (100 ml) de vin rouge
- 7 cuillères à soupe d'huile d'olive extra vierge
- 1,7 once d'échalotes
- sel de table au goût
- Poivre noir au goût
- 3 brins de thym

Instructions:

On commence par préparer le bouillon de légumes.

Commencez par la chicorée : coupez-la en deux et retirez la partie médiane (la partie blanche). Couper en lanières, bien rincer et réserver. Coupez le lard fumé en petites lanières.

Hachez finement l'escha et mettez-la dans une poêle avec un peu d'huile. Porter à ébullition à feu moyen-vif, verser sur le bouillon, puis ajouter le bacon et laisser dorer.

Après environ 2 minutes, en remuant souvent, ajoutez le riz et le pain grillé. A ce stade, versez le vin rouge à feu vif.

Une fois tout l'alcool évaporé, poursuivez la cuisson en arrosant le bouillon. Laisser sécher jusqu'à cuisson complète avant d'en ajouter davantage. Ajoutez du sel et du poivre noir (selon la quantité que vous souhaitez ajouter).

Ajoutez les lanières de chicorée en fin de cuisson. Mélangez-les bien jusqu'à ce qu'ils soient combinés avec le riz, mais sans cuisson. Ajoutez le thym haché.

Nutrition (pour 100 g) : 482 calories 17,5 g de matières grasses 68,1 g de glucides 13 g de protéines 725 mg de sodium

Pâtes à la génoise

Temps de préparation : 10 minutes

il est temps de cuisiner: 25 minutes

Portions : 3

Niveau de difficulté : Moyen

Ingrédients:

- 11,5 onces de dattes
- 1 kilo de bœuf
- 2,2 kilogrammes d'oignons dorés
- 2 onces de céleri
- 2 onces de carottes
- 1 bouquet de persil
- 3,4 onces liquides. oz (100 ml) de vin blanc
- Huile d'olive extra vierge au goût
- sel de table au goût
- Poivre noir au goût
- parmesan au goût

Instructions:

Pour réaliser les pâtes, commencez par :

Nettoyez l'oignon et la carotte et hachez-les finement. Lavez ensuite et hachez finement le céleri (ne jetez pas les feuilles, qui doivent également être hachées et réservées). Passez ensuite à la viande, nettoyez-la de l'excès de graisse et coupez-la en 5/6 gros morceaux. Enfin, attachez les feuilles de céleri et le brin de persil dans un emballage parfumé avec de la ficelle de cuisine.

Versez beaucoup d'huile dans une grande poêle. Ajoutez l'oignon, le céleri et la carotte (que vous avez réservé plus tôt) et laissez cuire quelques minutes.

Ajoutez ensuite des morceaux de viande, une pincée de sel et un bouquet parfumé. Mélanger et faire bouillir quelques minutes. Baissez ensuite le feu et couvrez avec un couvercle.

Cuire au moins 3 heures (ne pas ajouter d'eau ni de bouillon car l'oignon va libérer tout le liquide nécessaire pour éviter que le fond de la casserole ne se dessèche). Vérifiez et remuez de temps en temps.

Après 3 heures de cuisson, retirez le bouquet d'herbes, augmentez légèrement la température, ajoutez un peu de vin et remuez.

Laisser mijoter la viande à découvert pendant environ une heure en remuant souvent et verser le vin lorsque le fond de la casserole est sec.

À ce stade, prenez un morceau de viande, coupez-le sur une planche à découper et réservez-le. Coupez les dattes en tranches et faites-les cuire dans de l'eau bouillante salée.

Après ébullition, égouttez et remettez dans la casserole. Versez quelques cuillères à soupe d'eau bouillante et mélangez. Disposez sur une assiette et ajoutez un peu de sauce et la viande hachée (celle que vous avez réservée à l'étape 7). Ajoutez du poivre et du parmesan râpé au goût.

Nutrition (pour 100 g) : 450 calories 8 g de matières grasses 80 g de glucides 14,5 g de protéines 816 mg de sodium

Pâtes au chou-fleur de Naples

Temps de préparation : 15 minutes

il est temps de cuisiner: 35 minutes

Portions : 3

Niveau de difficulté : Moyen

Ingrédients:

- 10,5 onces de pâtes
- 1 chou-fleur
- 3,4 onces liquides. oz (100 ml) de pâte de tomate
- 1 gousse d'ail
- 1 piment fort
- 3 cuillères à soupe d'huile d'olive extra vierge (ou cuillère à café)
- Sel au goût
- Poivre à goûter

Instructions:

Nettoyez bien le chou-fleur : retirez les feuilles extérieures et la tige. Coupez-le en petits fleurons.

Épluchez et hachez une gousse d'ail et faites-la revenir dans une casserole avec de l'huile et du piment.

Ajoutez la purée de tomates et les fleurons de chou-fleur et faites revenir quelques minutes à feu moyen-vif, puis couvrez de quelques casseroles d'eau et faites bouillir pendant 15 à 20 minutes, ou au moins jusqu'à ce que le chou-fleur devienne crémeux.

Si le fond de la casserole semble trop sec, ajoutez autant d'eau que nécessaire pour garder le mélange liquide.

À ce stade, versez de l'eau chaude sur le chou-fleur et une fois cuit, ajoutez les pâtes.

Assaisonnez avec du sel et du poivre.

Nutrition (pour 100 g) : 458 calories 18 g de matières grasses 65 g de glucides 9 g de protéines 746 mg de sodium

Pâtes et fagioli aux oranges et fenouil

Temps de préparation : 10 minutes

il est temps de cuisiner: 30 minutes

Portions : 5

Niveau de difficulté : Difficile

Ingrédients:

- Huile d'olive extra vierge - 1 cuillère à soupe. plus un supplément pour le service
- Pancetta - 2 onces, finement hachée
- Oignon - 1, finement haché
- Fenouil - 1 oignon, tiges enlevées, oignon coupé en deux, épépiné et finement haché
- Céleri – 1 côte, hachée
- Ail - 2 gousses hachées
- Filets d'anchois - 3, frits et tranchés
- Origan fraîchement haché - 1 cuillère à soupe.
- Zeste d'orange râpé - 2 cuillères à café.
- Graines de fenouil - ½ c.
- Flocons de piment rouge - ¼ c.
- Tomates hachées - 1 boîte (28 onces).
- Parmesan - 1 croûte ou plus par portion
- Haricots Cannellini - 1 boîte (7 onces), rincés
- Bouillon de poulet - 2 ½ tasses
- Eau - 2 ½ tasses

- sel et poivre
- Orzo - 1 tasse
- Persil fraîchement haché - ¼ tasse

Instructions:

Faites chauffer l'huile dans une cocotte à feu moyen. Ajoutez le bacon. Faire frire pendant 3 à 5 minutes ou jusqu'à ce qu'ils commencent à dorer. Incorporer le céleri, le fenouil et l'oignon et cuire en remuant constamment jusqu'à ce qu'ils ramollissent (environ 5 à 7 minutes).

Incorporer les flocons de paprika, les graines de fenouil, le zeste d'orange, l'origan, l'anchois et l'ail. Cuire 1 minute. Incorporez les tomates et leur jus. Incorporer le zeste de parmesan et les haricots.

Porter à ébullition et laisser mijoter 10 minutes. Mélangez l'eau, le bouillon et 1 c. Sel. Laissez bouillir à feu vif. Mélangez les pâtes et faites-les cuire al dente.

Retirer du feu et retirer le zeste de parmesan.

Incorporer le persil et assaisonner de sel et de poivre. Arroser d'un peu d'huile d'olive et saupoudrer de parmesan râpé. Servir.

Nutrition (pour 100 g) : 502 calories 8,8 g de matières grasses 72,2 g de glucides 34,9 g de protéines 693 mg de sodium

Spaghetti au citron

Temps de préparation : 10 minutes
il est temps de cuisiner: 15 minutes
Portions : 6
Niveau de difficulté : Facile

Ingrédients:

- Huile d'olive extra vierge - ½ tasse
- Zeste de citron râpé - 2 cuillères à café.
- Jus de citron - 1/3 tasse
- Ail - 1 gousse, coupée en gâteau
- sel et poivre
- Parmesan - 2 onces, râpé
- Spaghettis - 1 livre
- Basilic fraîchement râpé - 6 cuillères à soupe.

Instructions:

Dans un bol, l'ail, l'huile, le zeste de citron, le jus, ½ c. sel et ¼ c. Poivre. Incorporer le parmesan et mélanger jusqu'à obtenir une consistance crémeuse.

Pendant ce temps, faites cuire les nouilles selon les instructions sur l'emballage. Égoutter en réservant ½ tasse d'eau de cuisson. Ajouter le mélange d'huile et de basilic aux pâtes et mélanger. Bien assaisonner et incorporer l'eau de cuisson si nécessaire. Servir.

Nutrition (pour 100 g) : 398 calories 20,7 g de matières grasses 42,5 g de glucides 11,9 g de protéines 844 mg de sodium

Couscous aux légumes épicés

Temps de préparation : 10 minutes
il est temps de cuisiner: 20 minutes
Portions : 6
Difficulté : difficile D

Ingrédients:

- Chou-fleur - 1 tête, coupée en fleurons de 1 pouce
- Huile d'olive extra vierge - 6 cuillères à soupe. plus un supplément pour le service
- sel et poivre
- Couscous - 1 ½ tasse
- Courgettes – 1, coupée en morceaux de ½ pouce
- Poivron rouge – 1, épépiné, épépiné et coupé en morceaux de ½ pouce
- Ail - 4 gousses hachées
- Ras el Hanout - 2 c.
- zeste de citron râpé - 1 c. plus des quartiers de citron pour servir
- Bouillon de poulet - 1 ¾ tasse
- Marjolaine fraîchement hachée - 1 cuillère à soupe.

Instructions:

Dans une poêle, faites chauffer 2 c. huile à feu moyen. Ajouter le chou-fleur, ¾ c. sel et ½ c. Poivre. Mélange. Cuire jusqu'à ce que les bouquets soient dorés et que les bords soient juste translucides.

Retirez le couvercle et faites cuire en remuant pendant 10 minutes ou jusqu'à ce que les fleurons soient dorés. Versez dans un bol et nettoyez la poêle. Faites chauffer 2 cuillères à soupe. huile dans la poêle.

Ajoutez le couscous. Cuire et continuer de remuer pendant 3 à 5 minutes ou jusqu'à ce que les haricots commencent à dorer. Versez dans un bol et nettoyez la poêle. Faites chauffer les 3 cuillères à soupe restantes. Beurrer une poêle et ajouter le poivron, les courgettes et ½ c. Sel. Cuire 8 minutes.

Mélangez le zeste de citron, le hanout râpé et l'ail. Cuire jusqu'à ce qu'il soit parfumé (environ 30 secondes). Versez dans le bouillon et laissez bouillir. Incorporer le couscous. Retirez-le du feu et laissez-le de côté jusqu'à ce qu'il ramollisse.

ajouter la marjolaine et le chou-fleur; Puis remuez légèrement avec une fourchette pour incorporer. Arroser de plus d'huile et bien assaisonner. Servir avec des quartiers de citron.

Nutrition (pour 100 g) : 787 calories 18,3 g de matières grasses 129,6 g de glucides 24,5 g de protéines 699 mg de sodium

Riz au four assaisonné de fenouil

Temps de préparation : 10 minutes

il est temps de cuisiner: 45 minutes

Portions : 8

Niveau de difficulté : Moyen

Ingrédients:

- Patates douces – 1 ½ livre, pelées et coupées en morceaux de 1 pouce
- Huile d'olive extra vierge - ¼ tasse
- sel et poivre
- Fenouil - 1 oignon finement haché
- Petit oignon - 1, finement haché
- Riz blanc à grains longs - 1 ½ tasse, rincé
- Ail - 4 gousses hachées
- Ras el Hanout - 2 c.
- Soupe au poulet - 2 ¾ tasses
- Grosses olives vertes dénoyautées et mûries en saumure - ¾ tasse, coupées en deux
- Coriandre fraîchement hachée - 2 c.
- tranches de citron vert

Instructions:

Placer la grille au centre du four et préchauffer le four à 400 F. Ajouter les pommes de terre par ½ c. sel et 2 c. Huile.

Placer les pommes de terre en une seule couche sur une plaque à pâtisserie à rebords et cuire au four pendant 25 à 30 minutes ou jusqu'à ce qu'elles soient tendres. Remuez les pommes de terre à mi-cuisson.

Retirez les pommes de terre et réduisez la température du four à 350 F. Dans une cocotte, faites chauffer les 2 cuillères à soupe restantes. huile à feu moyen.

Ajouter l'oignon et le fenouil; Poursuivre la cuisson pendant 5 à 7 minutes ou jusqu'à tendreté. Mélanger le hanout râpé, l'ail et le riz. Faire frire pendant 3 minutes.

Incorporer les olives et le bouillon et laisser reposer 10 minutes. Ajoutez les pommes de terre au riz et écrasez-les délicatement à la fourchette. Assaisonnez avec du sel et du poivre. Garnir de coriandre et servir avec des quartiers de citron vert.

Nutrition (pour 100 g) : 207 Calories 8,9 g Lipides 29,4 g Glucides 3,9 g Protéines 711 mg Sodium

Couscous à la marocaine aux pois chiches

Temps de préparation : 5 minutes

il est temps de cuisiner: 18 minutes

Portions : 6

Niveau de difficulté : Moyen

Ingrédients:

- Huile d'olive extra vierge - ¼ tasse, un supplément pour servir
- Couscous - 1 ½ tasse
- Carottes pelées et finement hachées - 2
- Oignon finement haché - 1
- sel et poivre
- Ail - 3 gousses hachées
- coriandre moulue - 1 c.
- Gingembre moulu - une cuillère à café.
- anis moulu - ¼ c.
- Bouillon de poulet - 1 ¾ tasse
- Pois chiches - 1 boîte (15 onces), rincés
- Petits pois surgelés - 1 ½ tasse
- Persil ou coriandre fraîchement haché - ½ tasse
- Tranches de citrons

Instructions:

Faites chauffer 2 cuillères à soupe. huile dans une poêle à feu moyen. Incorporer le couscous et cuire 3 à 5 minutes ou jusqu'à ce qu'il commence à dorer. Versez dans un bol et nettoyez la poêle.

Faites chauffer les 2 cuillères à soupe restantes. Beurrer une poêle et ajouter l'oignon, la carotte et 1 c. Sel. Cuire 5 à 7 minutes. Incorporer l'anis, le gingembre, la coriandre et l'ail. Cuire jusqu'à ce qu'il soit parfumé (environ 30 secondes).

Incorporer les pois chiches et le bouillon et porter à ébullition. Incorporer le couscous et les petits pois. Couvrir et retirer du feu. Réserver jusqu'à ce que le couscous soit tendre.

Ajouter le persil au couscous et mélanger avec une fourchette. Badigeonner avec plus d'huile et bien assaisonner. Servir avec des quartiers de citron.

Nutrition (pour 100 g) : 649 calories 14,2 g de matières grasses 102,8 g de glucides 30,1 g de protéines 812 mg de sodium

Paella végétarienne aux haricots verts et pois chiches

Temps de préparation : 10 minutes
il est temps de cuisiner: 35 minutes
Portions : 4
Niveau de difficulté : Facile

Ingrédients:

- Une pincée de safran
- bouillon de légumes - 3 tasses
- Huile d'olive - 1 cuillère à soupe.
- Oignon jaune - 1 gros coupé en dés
- Ail - 4 gousses coupées en tranches
- Piment rouge - 1, coupé en dés
- Tomates hachées - ¾ tasse, fraîches ou en conserve
- Pâte de tomate - 2 cuillères à soupe.
- piment - 1 ½ c.
- Sel - 1 cuillère à café.
- Poivre noir fraîchement moulu - ½ c.
- Haricots verts – 1 ½ tasse, parés et coupés en deux
- Pois chiches – 1 boîte (15 onces), égouttées et rincées
- Riz blanc à grains courts - 1 tasse
- Citron - 1, coupé en tranches

Instructions:

Mélangez les fils de safran avec 3 c. eau tiède dans un petit bol. Porter l'eau à ébullition dans une casserole à feu moyen. Réduisez le feu et laissez bouillir.

Faites chauffer l'huile dans une poêle à feu moyen. Incorporer l'oignon et faire revenir pendant 5 minutes. Ajouter les poivrons et l'ail et faire sauter pendant 7 minutes ou jusqu'à ce que les poivrons ramollissent. Mélangez un mélange d'eau avec du safran, du sel, du poivre, du paprika, du concentré de tomates et des tomates.

Ajoutez le riz, les pois chiches et les haricots verts. Incorporer le bouillon chaud et porter à ébullition. Réduisez le feu et laissez cuire 20 minutes.

Il est servi chaud, agrémenté de tranches de citron.

Nutrition (pour 100 g) : 709 calories 12 g de matières grasses 121 g de glucides 33 g de protéines 633 mg de sodium

Crevettes à l'ail, tomates et basilic

Temps de préparation : 10 minutes

il est temps de cuisiner: Dix minutes

Portions : 4

Niveau de difficulté : Facile

Ingrédients:

- Huile d'olive - 2 cuillères à soupe.
- Crevettes - 1¼ kilogrammes, décortiquées et déveinées
- Ail - 3 gousses hachées
- Flocons de piment rouge broyés - 1/8 c.
- Vin blanc sec - ¾ tasse
- Tomates raisins - 1 ½ tasse
- Basilic frais finement haché – ¼ tasse, et plus pour la garniture
- Sel - ¾ c.
- Poivre noir moulu - ½ c.

Instructions:

Faites chauffer l'huile dans une poêle à feu moyen. Ajouter les crevettes et cuire 1 minute ou jusqu'à ce qu'elles soient bien cuites. Transférer dans une assiette.

Ajouter les flocons de piment rouge et l'ail à l'huile dans la poêle et cuire en remuant pendant 30 secondes. Incorporer le vin et laisser mijoter jusqu'à réduction de moitié.

Ajouter les tomates et cuire en remuant constamment jusqu'à ce qu'elles commencent à se décomposer (environ 3-4 minutes). Incorporer les crevettes réservées, le sel, le poivre et le basilic. Cuire encore 1 à 2 minutes.

Servir garni du reste de basilic.

Nutrition (pour 100 g) : 282 calories 10 g de matières grasses 7 g de glucides 33 g de protéines 593 mg de sodium

Paëlla aux crevettes

Temps de préparation : 10 minutes
il est temps de cuisiner: 25 minutes
Portions : 4
Niveau de difficulté : Moyen

Ingrédients:

- Huile d'olive - 2 cuillères à soupe.
- Oignon moyen - 1, coupé en dés
- Piment rouge - 1, coupé en dés
- Ail - 3 gousses hachées
- Une pincée de safran
- piment - ¼ c.
- Sel - 1 cuillère à café.
- Poivre noir fraîchement moulu - ½ c.
- Bouillon de poulet – 3 tasses, divisé
- Riz blanc à grains courts - 1 tasse
- Grosses crevettes décortiquées et déveinées - 1 lb
- Petits pois surgelés - 1 tasse, décongelés

Instructions:

Faites chauffer l'huile d'olive dans une poêle. Incorporer l'oignon et le poivron et cuire 6 minutes jusqu'à ce qu'ils soient ramollis. Ajoutez le sel, le poivre, le paprika, le safran et l'ail et mélangez. Incorporer 2 ½ tasses de bouillon et le riz.

Portez le mélange à ébullition, puis laissez mijoter jusqu'à ce que le riz soit cuit, environ 12 minutes. Placez les crevettes et les pois sur le riz et ajoutez la ½ tasse de bouillon restante.

Remettez le couvercle sur la poêle et faites cuire jusqu'à ce que toutes les crevettes soient cuites (environ 5 minutes). Servir.

Nutrition (pour 100 g) : 409 calories 10 g de matières grasses 51 g de glucides 25 g de protéines 693 mg de sodium

Salade de lentilles aux olives, menthe et feta

Temps de préparation : 60 minutes
il est temps de cuisiner: 60 minutes
Portions : 6
Niveau de difficulté : Moyen

Ingrédients:

- sel et poivre
- Lentilles françaises - 1 tasse, cueillies et cuites
- Ail - 5 gousses légèrement écrasées et pelées
- feuille de laurier - 1
- Huile d'olive extra vierge - 5 cuillères à soupe.
- Vinaigre blanc - 3 cuillères à soupe.
- Olives Kalamata dénoyautées – ½ tasse, hachées
- Menthe fraîche hachée - ½ tasse
- Pétoncle – 1 gros, haché
- Fromage feta - 1 once, râpé

Instructions:

Ajoutez 4 tasses d'eau tiède et 1 c. saler dans un bol. Ajouter les lentilles et laisser infuser 1 heure à température ambiante. Bien égoutter.

Placer la grille au centre du four et préchauffer le four à 325 F. Mélanger les lentilles, 4 tasses d'eau, l'ail, la feuille de laurier et ½

c. saler dans une casserole. Couvrez la casserole, placez-la sur le feu et laissez cuire 40 à 60 minutes ou jusqu'à ce que les lentilles soient tendres.

Bien égoutter les lentilles en jetant l'ail et le laurier. Dans un grand bol, mélanger l'huile et le vinaigre. Ajoutez l'échalote, la menthe, les olives et les lentilles et mélangez.

Assaisonnez avec du sel et du poivre. Disposer joliment dans un bol de service et garnir de feta. Servir.

Nutrition (pour 100 g) : 249 calories 14,3 g de matières grasses 22,1 g de glucides 9,5 g de protéines 885 mg de sodium

Pois chiches à l'ail et au persil

Temps de préparation : 5 minutes
il est temps de cuisiner: 20 minutes
Portions : 6
Niveau de difficulté : Moyen

Ingrédients:

- Huile d'olive extra vierge - ¼ tasse
- Ail - 4 gousses, tranchées finement
- Flocons de piment rouge - 1/8 c.
- Oignon - 1, haché
- sel et poivre
- Pois chiches - 2 boîtes (15 onces), égouttées
- Bouillon de poulet - 1 tasse
- Persil frais haché - 2 c.
- Jus de citron - 2 cuillères à café.

Instructions:

Ajoutez 3 cuillères à soupe dans la poêle. Ajouter l'ail et les flocons de piment et cuire 3 minutes. Incorporer l'oignon et ¼ c. saler et faire bouillir pendant 5 à 7 minutes.

Incorporer les pois chiches et le bouillon et porter à ébullition. Réduire le feu et laisser mijoter à couvert pendant 7 minutes.

Découvrez et placez sur feu vif et laissez cuire 3 minutes ou jusqu'à ce que tout le liquide se soit évaporé. Réserver et saupoudrer de jus de citron et de persil.

Assaisonnez avec du sel et du poivre. Saupoudrer de 1 cuillère à soupe. huiler et servir.

Nutrition (pour 100 g) : 611 calories 17,6 g de matières grasses 89,5 g de glucides 28,7 g de protéines 789 mg de sodium

Pois chiches vapeur aux aubergines et tomates

Temps de préparation : 10 minutes
il est temps de cuisiner: 60 minutes
Portions : 6
Niveau de difficulté : Facile

Ingrédients:

- Huile d'olive extra vierge - ¼ tasse
- Oignons - 2, hachés
- Poivre vert - 1, finement haché
- sel et poivre
- Ail - 3 gousses hachées
- Origan fraîchement haché - 1 cuillère à soupe.
- Feuilles de laurier - 2
- Aubergine – 1 livre, coupée en morceaux de 1 pouce
- Tomates entières pelées - 1 boîte, égouttées du jus réservé, hachées
- Pois chiches - 2 boîtes (15 onces), égouttées avec 1 tasse de liquide

Instructions:

Placez une grille en bas au centre et préchauffez le four à 400 F. Faites chauffer l'huile dans une cocotte. Ajouter le paprika, l'oignon, ½ c. sel et ¼ c. Poivre. Faire frire pendant 5 minutes.

Mélangez 1 c. Origan, ail et feuilles de laurier et cuire 30 secondes. Incorporer les tomates, les aubergines, le jus réservé, les pois chiches et le liquide réservé et porter à ébullition. Placez le plat au four et faites cuire à découvert pendant 45 à 60 minutes. Mélangez deux fois.

Jetez les feuilles de laurier. Incorporer les 2 c. Assaisonner avec de l'origan, du sel et du poivre. Servir.

Nutrition (pour 100 g) : 642 calories 17,3 g de matières grasses 93,8 g de glucides 29,3 g de protéines 983 mg de sodium

Riz grec au citron

Temps de préparation : 20 minutes
il est temps de cuisiner: 45 minutes
Portions : 6
Niveau de difficulté : Moyen

Ingrédients:

- Riz à grains longs - 2 tasses, non cuit (trempé dans l'eau froide pendant 20 minutes, puis égoutté)
- Huile d'olive extra vierge - 3 cuillères à soupe.
- Oignon jaune - 1 moyen, haché
- Ail - 1 gousse hachée
- Pâtes orzo - ½ tasse
- Le jus de 2 citrons et le zeste d'1 citron
- Soupe faible en sodium - 2 tasses
- pincée de sel
- Persil haché - 1 grosse poignée
- Herbe d'aneth - 1 c.

Instructions:

Dans une casserole, faites chauffer 3 c. Huile d'olive vierge extra. Ajouter l'oignon et faire revenir 3 à 4 minutes. Ajouter les pâtes orzo et l'ail et mélanger.

Incorporez ensuite le riz pour enrober. Ajouter le bouillon et le jus de citron. Porter à ébullition et réduire le feu. Couvrir et cuire environ 20 minutes.

Prenez le feu. Couvrir et laisser reposer 10 minutes. Découvrez et incorporez le zeste de citron, l'aneth et le persil. Servir.

Nutrition (pour 100 g) : 145 calories 6,9 g de matières grasses 18,3 g de glucides 3,3 g de protéines 893 mg de sodium

Riz aux herbes d'ail

Temps de préparation : 10 minutes

il est temps de cuisiner: 30 minutes

Portions : 4

Niveau de difficulté : Facile

Ingrédients:

- Huile d'olive extra vierge - ½ tasse, divisée
- Grosses gousses d'ail - 5, hachées
- Riz brun au jasmin - 2 tasses
- Eau - 4 tasses
- Sel de mer - 1 cuillère à café.
- Poivre noir - 1 c.
- Ciboulette fraîchement hachée - 3 cuillères à soupe.
- Persil frais haché - 2 c.
- Basilic fraîchement haché - 1 cuillère à soupe.

Instructions:

Ajouter ¼ tasse d'huile d'olive, l'ail et le riz dans la casserole. Remuer et chauffer à feu moyen. Mélangez l'eau, le sel marin et le poivre noir. Encore un mélange.

Porter à ébullition et réduire le feu. Faire bouillir à découvert, en remuant de temps en temps.

Lorsque l'eau est presque absorbée, ajoutez le quart de tasse d'huile d'olive restant avec le basilic, le persil et la ciboulette.

Remuer jusqu'à ce que les herbes soient incorporées et que toute l'eau soit absorbée.

Nutrition (pour 100 g) : 304 calories 25,8 g de matières grasses 19,3 g de glucides 2 g de protéines 874 mg de sodium

Salade de riz méditerranéenne

Temps de préparation : 10 minutes
il est temps de cuisiner: 25 minutes
Portions : 4
Niveau de difficulté : Moyen

Ingrédients:

- Huile d'olive extra vierge - ½ tasse, divisée
- Riz brun à grains longs - 1 tasse
- Eau - 2 tasses
- Jus de citron frais - ¼ tasse
- Gousse d'ail - 1, hachée
- Romarin fraîchement haché - 1 c.
- Menthe fraîche hachée - 1 cuillère à café.
- Endives belges - 3, hachées
- Poivron rouge - 1 moyen, haché
- Concombres de serre - 1, haché
- Oignon nouveau haché entier - ½ tasse
- Olives Kalamata hachées - ½ tasse
- Flocons de piment rouge - ¼ c.
- Fromage Feta râpé - ¾ tasse
- sel de mer et poivre noir

Instructions:

Faites chauffer ¼ tasse d'huile d'olive, le riz et une pincée de sel dans une casserole à feu doux. Remuer pour enrober le riz. Ajouter de l'eau et cuire jusqu'à ce que l'eau soit absorbée. Remuer de temps en temps. Mettez le riz dans un grand bol et laissez-le refroidir.

Dans un autre bol, mélanger ¼ tasse d'huile d'olive restante, les flocons de piment rouge, les olives, l'oignon vert, le concombre, le poivron, l'endive, la menthe, le romarin, l'ail et le jus de citron.

Ajouter le riz au mélange et remuer. Incorporer délicatement le fromage feta.

Goûtez et assaisonnez. Servir.

Nutrition (pour 100 g) : 415 calories 34 g de matières grasses 28,3 g de glucides 7 g de protéines 4 755 mg de sodium

Salade de haricots frais et de thon

Temps de préparation : 5 minutes

il est temps de cuisiner: 20 minutes

Portions : 6

Niveau de difficulté : Facile

Ingrédients:

- Haricots frais écossés (écossés) - 2 tasses
- Feuilles de laurier - 2
- Huile d'olive extra vierge - 3 cuillères à soupe.
- Vinaigre de vin rouge - 1 cuillère à soupe.
- sel et poivre noir
- Thon Premium - 1 boîte (6 oz) emballée dans de l'huile d'olive
- Câpres salées - 1 cuillère à soupe. trempé et séché
- Persil plat finement haché - 2 cuillères à soupe.
- Oignon rouge - 1, haché

Instructions:

Faites bouillir doucement l'eau avec du sel dans une casserole. Ajouter les haricots et les feuilles de laurier; Cuire ensuite 15 à 20 minutes ou jusqu'à ce que les haricots soient tendres mais encore fermes. Égouttez, retirez les arômes et placez dans un bol.

Servir immédiatement les haricots avec le vinaigre et l'huile. Ajoutez du sel et du poivre noir. Bien mélanger et assaisonner. Égouttez le thon et coupez-le dans la salade de haricots. Ajoutez le persil et les câpres. Mélanger et saupoudrer sur la tranche d'oignon rouge. Servir.

Nutrition (pour 100 g) : 85 calories 7,1 g de matières grasses 4,7 g de glucides 1,8 g de protéines 863 mg de sodium

Délicieuses pâtes au poulet

Temps de préparation : 10 minutes

il est temps de cuisiner: 17 minutes

Portions : 4

Niveau de difficulté : Facile

Ingrédients:

- 3 poitrines de poulet sans peau et désossées, coupées en morceaux
- 9 onces de pâtes de blé entier
- 1/2 tasse d'olives, tranchées
- 1/2 tasse de tomates séchées au soleil
- 1 cuillère à soupe de poivron rouge rôti, haché
- Boîtes de 14 onces de tomates en dés
- 2 tasses de sauce marinara
- 1 tasse de soupe au poulet
- poivre
- Sel

Instructions:

Mélanger tous les ingrédients sauf les pâtes de blé entier dans Instant Pot.

Fermez le couvercle et faites cuire à puissance élevée pendant 12 minutes.

Lorsque vous avez terminé, relâchez naturellement la pression. enlever le couvercle.

Ajouter les nouilles et bien mélanger. Refermez le bol, retirez-le à la main et réglez la minuterie sur 5 minutes.

Lorsque vous avez terminé, relâchez la pression pendant 5 minutes, puis relâchez le reste avec la boucle à dégagement rapide. enlever le couvercle. Bien mélanger et servir.

Nutrition (pour 100 g) : 615 calories 15,4 g de matières grasses 71 g de glucides 48 g de protéines 631 mg de sodium

Saveurs de bol de riz taco

Temps de préparation : 10 minutes

il est temps de cuisiner: 14 minutes

Portions : 8

Niveau de difficulté : Moyen

Ingrédients:

- 1kg de boeuf haché
- 8 onces de fromage cheddar, râpé
- Boîte de 14 oz de haricots rouges
- 2 onces d'assaisonnement pour tacos
- 16 onces de salsa
- 2 tasses d'eau
- 2 tasses de riz brun
- poivre
- Sel

Instructions:

Réglez l'Instant Pot en mode sauté.

Mettez la viande dans la marmite et faites-la frire jusqu'à ce qu'elle soit dorée.

Ajouter l'eau, les haricots, le riz, l'assaisonnement pour tacos, le poivre et le sel et bien mélanger.

Garnir de salsa. Fermez le couvercle et laissez cuire à feu vif pendant 14 minutes.

Lorsque vous avez terminé, relâchez la pression grâce au système de dégagement rapide. enlever le couvercle.

Incorporer le fromage cheddar et remuer jusqu'à ce que le fromage fonde.

Servir et déguster.

Nutrition (pour 100 g) : 464 calories 15,3 g de matières grasses 48,9 g de glucides 32,2 g de protéines 612 mg de sodium

Délicieux macaroni au fromage

Temps de préparation : 10 minutes
il est temps de cuisiner: Dix minutes
Portions : 6
Niveau de difficulté : Facile

Ingrédients:

- 16 onces de pâtes de blé entier
- 4 tasses d'eau
- 1 tasse de tomates en conserve, coupées en dés
- 1 cuillère à café d'ail, émincé
- 2 cuillères à soupe d'huile d'olive
- 1/4 tasse de brouillard, haché
- 1/2 tasse de parmesan, râpé
- 1/2 tasse de mozzarella, râpée
- 1 tasse de fromage cheddar, râpé
- 1/4 tasse de passata
- 1 tasse de lait d'amande non sucré
- 1 tasse d'artichaut mariné, coupé en dés
- 1/2 tasse de tomates séchées au soleil, tranchées
- 1/2 tasse d'olives, tranchées
- 1 cuillère à café de sel

Instructions:

Ajoutez les pâtes, l'eau, les tomates, l'ail, l'huile et le sel dans l'Instant Pot et mélangez bien. Couvrir et cuire au réglage le plus élevé.

Lorsque vous avez terminé, relâchez la pression pendant quelques minutes, puis relâchez le reste avec un relâchement rapide.
enlever le couvercle.

Réglez la casserole en mode sauté. Ajouter les oignons nouveaux, le parmesan, la mozzarella, le cheddar, la passata, le lait d'amande, les artichauts, les tomates séchées et les olives. Bien mélanger.

Bien mélanger et cuire jusqu'à ce que le fromage fonde.

Servir et déguster.

Nutrition (pour 100 g) : 519 calories 17,1 g de matières grasses 66,5 g de glucides 25 g de protéines 588 mg de sodium

Riz aux concombres et olives

Temps de préparation : 10 minutes
il est temps de cuisiner: Dix minutes
Portions : 8
Niveau de difficulté : Moyen

Ingrédients:

- 2 tasses de riz, rincé
- 1/2 tasse d'olives dénoyautées
- 1 tasse de concombre haché
- 1 cuillère à soupe de vinaigre de vin rouge
- 1 cuillère à café de zeste de citron, râpé
- 1 cuillère à soupe de jus de citron frais
- 2 cuillères à soupe d'huile d'olive
- 2 tasses de bouillon de légumes
- 1/2 cuillère à café d'origan séché
- 1 poivron rouge, haché
- 1/2 tasse d'oignon, haché
- 1 cuillère à soupe d'huile d'olive
- poivre
- Sel

Instructions:

Ajoutez de l'huile dans le pot intérieur de l'Instant Pot et réglez le pot en mode sauté. Ajouter l'oignon et faire revenir pendant 3 minutes. Ajouter les poivrons et l'origan et faire sauter pendant 1 minute.

Ajouter le riz et le bouillon et bien mélanger. Fermez le couvercle et faites cuire à feu vif pendant 6 minutes. Lorsque vous avez terminé, relâchez la pression pendant 10 minutes, puis relâchez le reste avec la boucle à dégagement rapide. enlever le couvercle.

Ajoutez le reste des ingrédients et mélangez bien. Servir et déguster immédiatement.

Nutrition (pour 100 g) : 229 calories 5,1 g de matières grasses 40,2 g de glucides 4,9 g de protéines 210 mg de sodium

Saveurs Risotto aux herbes

Temps de préparation : 10 minutes
il est temps de cuisiner: 15 minutes
Portions : 4
Niveau de difficulté : Moyen

Ingrédients:

- 2 tasses de riz
- 2 cuillères à soupe de parmesan râpé
- 3,5 onces de crème épaisse
- 1 cuillère à soupe d'origan frais, haché
- 1 cuillère à soupe de basilic frais haché
- 1/2 cuillère à soupe de sauge hachée
- 1 oignon, haché
- 2 cuillères à soupe d'huile d'olive
- 1 cuillère à café d'ail, émincé
- 4 tasses de bouillon de légumes
- poivre
- Sel

Instructions:

Ajoutez de l'huile dans le pot intérieur de l'Instant Pot et faites passer le pot en mode sauté. Ajoutez l'ail et l'oignon dans la casserole intérieure de l'Instant Pot et appuyez sur la casserole pour faire sauter. Ajoutez l'ail et l'oignon et faites revenir pendant 2-3 minutes.

Ajouter le reste des ingrédients sauf le parmesan et la crème et bien mélanger. Fermez le couvercle et faites cuire à feu vif pendant 12 minutes.

Lorsque vous avez terminé, relâchez la pression pendant 10 minutes, puis relâchez le reste avec le dégagement rapide. enlever le couvercle. Incorporer la crème et le fromage et servir.

Nutrition (pour 100 g) : 514 calories 17,6 g de matières grasses 79,4 g de glucides 8,8 g de protéines 488 mg de sodium

Délicieuses pâtes Primavera

Temps de préparation : 10 minutes

il est temps de cuisiner: 4 minutes

Portions : 4

Niveau de difficulté : Facile

Ingrédients:

- 8 onces de pâtes penne de blé entier
- 1 cuillère à soupe de jus de citron frais
- 2 cuillères à soupe de persil frais haché
- 1/4 tasse d'amandes moulues
- 1/4 tasse de parmesan, râpé
- Boîtes de 14 onces de tomates en dés
- 1/2 tasse de pruneaux
- 1/2 tasse de courgettes, hachées
- 1/2 tasse d'asperges
- 1/2 tasse de carottes, hachées
- 1/2 tasse de brocoli, haché
- 1 3/4 tasse de bouillon de légumes
- poivre
- Sel

Instructions:

Ajoutez le bouillon, les panais, les tomates, les pruneaux, les courgettes, les asperges, les carottes et le brocoli dans l'Instant Pot et mélangez bien. Couvrir et cuire à feu vif pendant 4 minutes. Lorsque vous avez terminé, relâchez la pression grâce au système de dégagement rapide. enlever le couvercle. Mélangez bien le reste des ingrédients et servez.

Nutrition (pour 100 g) : 303 calories 2,6 g de matières grasses 63,5 g de glucides 12,8 g de protéines 918 mg de sodium

Pâtes aux poivrons au four

Temps de préparation : 10 minutes
il est temps de cuisiner: 13 minutes
Portions : 6
Niveau de difficulté : Moyen

Ingrédients:

- 1 kilogramme de pâtes penne au blé entier
- 1 cuillère à soupe d'assaisonnement italien
- 4 tasses de bouillon de légumes
- 1 cuillère à soupe d'ail, émincé
- 1/2 oignon, haché
- Pot de 14 onces de poivrons rouges rôtis
- 1 tasse de fromage feta, râpé
- 1 cuillère à soupe d'huile d'olive
- poivre
- Sel

Instructions:

Mettez le poivron rôti dans un mixeur et mixez jusqu'à homogénéisation. Ajoutez de l'huile dans le pot intérieur de l'Instant Pot et réglez la bouilloire en mode sauté. Ajoutez l'ail et l'oignon dans la tasse intérieure de l'Instant Pot et faites sauter la casserole. Ajoutez l'ail et l'oignon et faites revenir pendant 2-3 minutes.

Ajoutez le mélange de poivrons grillés et faites frire pendant 2 minutes.

Ajouter le reste des ingrédients sauf la feta et bien mélanger. Couvrir hermétiquement et cuire à feu vif pendant 8 minutes. Lorsque vous avez terminé, relâchez naturellement la pression pendant 5 minutes, puis relâchez le reste avec un relâchement rapide. enlever le couvercle. Saupoudrer de fromage feta et servir.

Nutrition (pour 100 g) : 459 calories 10,6 g de matières grasses 68,1 g de glucides 21,3 g de protéines 724 mg de sodium

Fromage Basilic Tomates Riz

Temps de préparation : 10 minutes

il est temps de cuisiner: 26 minutes

Portions : 8

Niveau de difficulté : Moyen

Ingrédients:

- 1 1/2 tasse de riz brun
- 1 tasse de parmesan, râpé
- 1/4 tasse de basilic frais, haché
- 2 tasses de tomates raisins, coupées en deux
- Boîte de 8 onces de sauce tomate
- 1 3/4 tasse de bouillon de légumes
- 1 cuillère à soupe d'ail, émincé
- 1/2 tasse d'oignon, coupé en dés
- 1 cuillère à soupe d'huile d'olive
- poivre
- Sel

Instructions:

Ajoutez de l'huile dans la marmite intérieure de l'Instant Pot et sélectionnez la marmite que vous souhaitez faire frire. Ajoutez l'ail et l'oignon dans le pot intérieur de l'Instant Pot et faites revenir. Incorporer l'ail et l'oignon et faire revenir pendant 4 minutes. Ajouter le riz, la sauce tomate, le bouillon, le poivre et le sel et bien mélanger.

Couvrir et cuire à feu vif pendant 22 minutes.

Lorsque vous avez terminé, relâchez la pression pendant 10 minutes, puis relâchez le reste avec la boucle à dégagement rapide. enlever le couvercle. Ajouter le reste des ingrédients et mélanger. Servir et déguster.

Nutrition (pour 100 g) : 208 calories 5,6 g de matières grasses 32,1 g de glucides 8,3 g de protéines 863 mg de sodium

Macaroni au fromage

Temps de préparation : 10 minutes
il est temps de cuisiner: 4 minutes
Portions : 8
Niveau de difficulté : Facile

Ingrédients:

- 1 kilogramme de pâtes de blé entier
- 1/2 tasse de parmesan, râpé
- 4 tasses de fromage cheddar, râpé
- 1 tasse de lait
- 1/4 cuillère à café de poudre d'ail
- 1/2 cuillère à café de moutarde moulue
- 2 cuillères à soupe d'huile d'olive
- 4 tasses d'eau
- poivre
- Sel

Instructions:

Ajoutez les pâtes, la poudre d'ail, la moutarde, l'huile, l'eau, le poivre et le sel dans l'Instant Pot. Couvrir hermétiquement et cuire à feu vif pendant 4 minutes. Lorsque vous avez terminé, relâchez la pression avec la boucle à dégagement rapide. ouvrez le couvercle. Ajouter le reste des ingrédients, bien mélanger et servir.

Nutrition (pour 100 g) : 509 calories 25,7 g de matières grasses 43,8 g de glucides 27,3 g de protéines 766 mg de sodium

pâtes au thon

Temps de préparation : 10 minutes
il est temps de cuisiner: 8 minutes
Portions : 6
Niveau de difficulté : Moyen

Ingrédients:

- 10 oz de thon en boîte, égoutté
- 15 onces de pâtes rotini de blé entier
- 4 onces de mozzarella, coupée en dés
- 1/2 tasse de parmesan, râpé
- 1 cuillère à café de basilic séché
- Boîte de 14 onces de tomates
- 4 tasses de bouillon de légumes
- 1 cuillère à soupe d'ail, émincé
- 8 onces de champignons, tranchés
- 2 courgettes, tranchées
- 1 oignon, haché
- 2 cuillères à soupe d'huile d'olive
- poivre
- Sel

Instructions:

Versez de l'huile dans la casserole intérieure de l'Instant Pot et pressez la casserole pour faire frire. Ajouter les champignons, les courgettes et l'oignon et cuire jusqu'à ce que l'oignon ramollisse. Ajouter l'ail et faire revenir pendant une minute.

Ajouter les pâtes, le basilic, le thon, les tomates et le bouillon et bien mélanger. Couvrir et cuire à feu vif pendant 4 minutes. Lorsque vous avez terminé, relâchez la pression pendant 5 minutes, puis relâchez le reste avec le dégagement rapide. enlever le couvercle. Ajouter le reste des ingrédients, bien mélanger et servir.

Nutrition (pour 100 g) : 346 calories 11,9 g de matières grasses 31,3 g de glucides 6,3 g de protéines 830 mg de sodium

Panini mélange avocat et dinde

Temps de préparation : 5 minutes
il est temps de cuisiner: 8 minutes
Portions : 2
Niveau de difficulté : Facile

Ingrédients:

- 2 poivrons rouges rôtis et coupés en lanières
- ¼ lb de poitrine de dinde fumée au mesquite tranchée finement
- 1 tasse de feuilles d'épinards frais entières, divisées
- 2 tranches de fromage provolone
- 1 cuillère à soupe d'huile d'olive, divisée
- 2 petits pains ciabatta
- ¼ tasse de mayonnaise
- ½ avocat mûr

Instructions:

Écrasez bien la mayonnaise et l'avocat dans un bol. Préchauffez ensuite la presse à panini.

Coupez les petits pains en deux et badigeonnez l'intérieur du pain d'huile d'olive. Ensuite, nous remplissons avec la garniture et superposons progressivement : le provolone, la poitrine de dinde, le poivron rouge rôti, les feuilles d'épinards et le mélange d'avocat et recouvrons avec la deuxième tranche de pain.

Placez le sandwich dans le presse-panini et faites griller jusqu'à ce que le fromage soit fondu et que le pain soit croustillant et strié, 5 à 8 minutes.

Nutrition (pour 100 g) : 546 calories 34,8 g de matières grasses 31,9 g de glucides 27,8 g de protéines 582 mg de sodium

Wrap au concombre, poulet et mangue

Temps de préparation : 5 minutes

il est temps de cuisiner: 20 minutes

Portions : 1

Difficulté : difficile D

Ingrédients:

- ½ concombre moyen tranché dans le sens de la longueur
- ½ mangue mûre
- 1 cuillère à soupe de vinaigrette de votre choix
- 1 feuille de tortilla de blé entier
- Tranche de poitrine de poulet de 1 pouce d'épaisseur, environ 6 pouces de long
- 2 cuillères à soupe d'huile pour la friture
- 2 cuillères à soupe de farine de blé entier
- 2 à 4 feuilles de laitue
- sel et poivre au goût

Instructions:

Couper la poitrine de poulet en lanières de 1 pouce et cuire des lanières de 6 pouces au total. Ce serait deux lanières de poulet. Conservez le poulet restant pour une utilisation ultérieure

Assaisonnez le poulet avec du poivre et du sel. Miel dans la farine complète.

Placez une petite poêle antiadhésive sur feu moyen-vif et faites chauffer l'huile. Une fois l'huile chaude, ajoutez les nouilles au poulet et faites-les frire jusqu'à ce qu'elles soient dorées, environ 5 minutes de chaque côté.

Pendant que le poulet cuit, placez les tortillas au four et faites cuire au four pendant 3 à 5 minutes. Réserver ensuite et transférer dans une assiette.

Coupez le concombre dans le sens de la longueur, n'en utilisez que la moitié et réservez le reste du concombre. Coupez les concombres en quartiers et retirez les graines. Placer deux tranches de concombre sur la tortilla, à 1 pouce du bord.

Coupez la mangue et gardez l'autre moitié avec les graines. Épluchez les mangues dénoyautées, coupez-les en lanières et disposez-les sur une tortilla.

Une fois le poulet cuit, placez-le un à un à côté de la marinade.

Ajoutez une feuille de concombre et arrosez de la vinaigrette de votre choix.

Rouler les tortillas, servir et déguster.

Nutrition (pour 100 g) : 434 calories 10 g de matières grasses 65 g de glucides 21 g de protéines 691 mg de sodium

Fattoush - Pain du Moyen-Orient

Temps de préparation : 10 minutes

il est temps de cuisiner: 15 minutes

Portions : 6

Difficulté : difficile D

Ingrédients:

- 2 crêpes
- 1 cuillère à soupe d'huile d'olive extra vierge
- 1/2 cuillère à café de sumac, plus pour plus tard
- sel et poivre
- 1 cœur de laitue romaine
- 1 concombre anglais
- 5 tomates romaines
- 5 oignons nouveaux
- 5 radis
- 2 tasses de brins de persil frais hachés
- 1 tasse de feuilles de menthe fraîche hachées
- <u>Ingrédients pour la vinaigrette :</u>
- 1 1/2 citron vert, jus de
- 1/3 tasse d'huile d'olive extra vierge
- sel et poivre
- 1 cuillère à café de sumac moulu
- 1/4 cuillère à café de cannelle moulue

- un peu moins de 1/4 cuillère à café de piment de la Jamaïque moulu

Instructions:

Faire griller le pain au grille-pain pendant 5 minutes. Et puis cassez les crêpes en morceaux.

Faites chauffer 3 cuillères à soupe d'huile d'olive dans une grande poêle à feu moyen-vif pendant 3 minutes. Ajouter la galette et cuire en remuant jusqu'à ce qu'elle soit dorée, environ 4 minutes.

Ajoutez du sel, du poivre et 1/2 cuillère à café de sumac. Retirez les chips de pita du feu et placez-les sur du papier absorbant pour les égoutter.

Dans un grand saladier, mélanger la laitue hachée, le concombre, les tomates, l'oignon nouveau, le radis haché, la menthe et le persil.

Pour la vinaigrette au citron vert, mélanger tous les ingrédients dans un petit bol.

Mélangez la vinaigrette à la salade et mélangez bien. La crêpe est mélangée.

Servir et déguster.

Nutrition (pour 100 g) : 192 calories 13,8 g de matières grasses 16,1 g de glucides 3,9 g de protéines 655 mg de sodium

Moules au vin blanc

Temps de préparation : 5 minutes

il est temps de cuisiner: Dix minutes

Portions : 2

Difficulté : difficile D

Ingrédients:

- 2 kilogrammes de palourdes vivantes et fraîches
- 1 tasse de vin blanc sec
- 1/4 cuillère à café de sel marin fin
- 3 gousses d'ail hachées
- 2 cuillères à café d'échalotes coupées en dés
- 1/4 tasse de persil, frais et haché, divisé
- 2 cuillères à soupe d'huile d'olive
- 1/4 citron, jus

Instructions:

Retirez la passoire, nettoyez les moules et rincez-les à l'eau froide. Jetez toutes les palourdes qui ne se ferment pas lorsqu'elles sont pilées, puis utilisez un couteau pour retirer la barbe de chacune.

Retirez la casserole, mettez sur feu moyen-vif et ajoutez l'ail, l'échalote, le vin et le persil. Porter à ébullition. Une fois à ébullition, ajoutez les palourdes et couvrez. Laissez-les tremper pendant cinq à sept minutes. Assurez-vous qu'il ne bout pas trop.

Retirez-les avec une écumoire et ajoutez le jus de citron et l'huile d'olive dans la casserole. Avant de servir, mélangez bien avec le persil et versez le bouillon sur les moules.

Nutrition (pour 100 g) : 345 calories 9 g de matières grasses 18 g de glucides 37 g de protéines 693 mg de sodium

Saumon à l'aneth

Temps de préparation : 10 minutes

il est temps de cuisiner: 15 minutes

Portions : 2

Niveau de difficulté : Moyen

Ingrédients:

- 2 filets de saumon, 6 onces chacun
- 1 cuillère à soupe d'huile d'olive
- 1/2 mandarine, jus
- 2 cuillères à café de zeste d'orange
- 2 cuillères à soupe d'aneth, frais et haché
- Sel de mer et poivre noir au goût

Instructions:

Préchauffer le four à 375 degrés, puis retirer deux morceaux de papier d'aluminium de 10 pouces. Badigeonner les deux côtés des filets d'huile d'olive avant de les assaisonner de sel et de poivre. Placer chaque filet dans un morceau de papier d'aluminium.

Pressez le jus sur les oranges, puis saupoudrez-le de zeste d'orange et d'aneth. Pliez le paquet en vous assurant qu'il y a deux pouces d'air dans le papier d'aluminium pour permettre au poisson de cuire à la vapeur, puis placez-le sur une plaque à pâtisserie.

Cuire au four quinze minutes avant d'ouvrir les sachets et de répartir dans deux assiettes de service. Versez la sauce avant de servir.

Nutrition (pour 100 g) : 366 calories 14 g de matières grasses 9 g de glucides 36 g de protéines 689 mg de sodium

Saumon lisse

Temps de préparation : 8 minutes
il est temps de cuisiner: 8 minutes
Portions : 2
Niveau de difficulté : Facile

Ingrédients:

- Saumon, 6 oz de filets
- Citron, 2 tranches
- câpres, 1 cuillère à soupe
- sel de mer et poivre, 1/8 cuillère à café
- Huile d'olive extra vierge, 1 cuillère à soupe

Instructions:

Placer une poêle propre sur feu moyen et cuire 3 minutes. Mettez de l'huile d'olive dans une assiette et frottez-la sur tout le saumon. Faites revenir le saumon dans une poêle à feu vif.

Mélanger le saumon avec le reste des ingrédients et retourner pour cuire de chaque côté. Vérifiez si les deux côtés sont bruns. Cela peut prendre 3 à 5 minutes de chaque côté. Assurez-vous que le saumon est cuit en le testant avec une fourchette.

Servir avec des quartiers de citron.

Nutrition (pour 100 g) : 371 calories 25,1 g de matières grasses 0,9 g de glucides 33,7 g de protéines 782 mg de sodium

Mélodie avec ton

Temps de préparation : 20 minutes

il est temps de cuisiner: 20 minutes

Portions : 2

Niveau de difficulté : Facile

Ingrédients:

- Thon, 12 onces
- oignon nouveau, 1 pour la garniture
- Poivron, ¼, haché
- Vinaigre, 1 shot
- sel et poivre au goût
- Avocat, 1 moitié et noyaux
- yaourt grec, 2 cuillères à soupe

Instructions:

Dans un bol, mélangez le thon avec le vinaigre, l'oignon, le yaourt, l'avocat et le poivre.

Ajouter les assaisonnements, mélanger et servir avec la garniture de brouillard.

Nutrition (pour 100 g) : 294 calories 19 g de matières grasses 10 g de glucides 12 g de protéines 836 mg de sodium

fromage de mer

Temps de préparation : 12 minutes

il est temps de cuisiner: 25 minutes

Portions : 2

Niveau de difficulté : Facile

Ingrédients:

- Saumon, 6 oz de filets
- Basilic séché, 1 cuillère à soupe
- Fromage, 2 cuillères à soupe, râpé
- Tomate, 1, hachée
- Huile d'olive extra vierge, 1 cuillère à soupe

Instructions:

Préchauffer le four à 375 F. Tapisser une plaque à pâtisserie de papier d'aluminium et vaporiser d'huile de cuisson. Placez délicatement le saumon sur la plaque à pâtisserie et saupoudrez du reste des ingrédients.

Laissez dorer le saumon pendant 20 minutes. Laisser refroidir cinq minutes et transférer dans une assiette de service. Vous pouvez voir le glaçage au centre du saumon.

Nutrition (pour 100 g) : 411 calories 26,6 g de matières grasses 1,6 g de glucides 8 g de protéines 822 mg de sodium

Des steaks sains

Temps de préparation : 10 minutes

il est temps de cuisiner: 20 minutes

Portions : 2

Niveau de difficulté : Facile

Ingrédients:

- huile d'olive, 1 cuillère à soupe
- Steak de flétan, 8 oz
- Ail, ½ cuillère à café, émincé
- beurre, 1 cuillère à soupe
- sel et poivre au goût

Instructions:

Faites chauffer une poêle et ajoutez de l'huile. Faites revenir les steaks dans une poêle moyennement élevée, faites fondre le beurre et l'ail, assaisonnez de sel et de poivre. Ajouter les steaks, mélanger, couvrir et servir.

Nutrition (pour 100 g) : 284 calories 17 g de matières grasses 0,2 g de glucides 8 g de protéines 755 mg de sodium

saumon aux herbes

Temps de préparation : 8 minutes

il est temps de cuisiner: 18 minutes

Portions : 2

Niveau de difficulté : Facile

Ingrédients:

- Saumon, 2 filets sans peau
- Gros sel au goût
- Huile d'olive extra vierge, 1 cuillère à soupe
- Citron, 1, tranché
- Romarin frais, 4 brins

Instructions:

Préchauffer le four à 400 F. Tapisser une plaque à pâtisserie de papier d'aluminium et déposer le saumon dessus. Saupoudrer le reste des ingrédients sur le saumon et enfourner pendant 20 minutes. Servir immédiatement avec des quartiers de citron.

Nutrition (pour 100 g) : 257 calories 18 g de matières grasses 2,7 g de glucides 7 g de protéines 836 mg de sodium

Thon glacé fumé

Temps de préparation : 35 minutes
il est temps de cuisiner: Dix minutes
Portions : 2
Niveau de difficulté : Facile

Ingrédients:

- Thon, steaks de 4 onces
- jus d'orange, 1 cuillère à soupe
- ail haché, ½ gousse
- jus de citron, ½ cuillère à café
- Persil frais, 1 cuillère à soupe, haché
- sauce soja, 1 cuillère à soupe
- Huile d'olive extra vierge, 1 cuillère à soupe
- Poivre noir moulu, ¼ cuillère à café
- Origan, ¼ cuillère à café

Instructions:

Sélectionnez un bol à mélanger et ajoutez tous les ingrédients sauf le thon. Mélangez bien puis ajoutez le thon à la marinade. Réfrigérez ce mélange pendant une demi-heure. Faites chauffer la poêle et saisissez le thon 5 minutes de chaque côté. Il est servi bouilli.

Nutrition (pour 100 g) : 200 calories 7,9 g de matières grasses 0,3 g de glucides 10 g de protéines 734 mg de sodium

Flétan croustillant

Temps de préparation : 20 minutes

il est temps de cuisiner: 15 minutes

Portions : 2

Niveau de difficulté : Facile

Ingrédients:

- persil dessus
- Aneth frais, 2 cuillères à soupe, haché
- Ciboulette fraîche, 2 cuillères à soupe, hachée
- huile d'olive, 1 cuillère à soupe
- sel et poivre au goût
- Flétan, filet, 6 oz
- Zeste de citron, ½ cuillère à café, finement râpé
- yaourt grec, 2 cuillères à soupe

Instructions:

Préchauffer le four à 400 F. Tapisser une plaque à pâtisserie de papier d'aluminium. Mettez tous les ingrédients dans un grand bol et faites mariner les filets. Rincer et sécher les filets ; Mettez ensuite au four et faites cuire 15 minutes.

Nutrition (pour 100 g) : 273 calories 7,2 g de matières grasses 0,4 g de glucides 9 g de protéines 783 mg de sodium

Ton approprié

Temps de préparation : 15 minutes

il est temps de cuisiner: Dix minutes

Portions : 2

Niveau de difficulté : Facile

Ingrédients:

- oeufs, ½
- Oignon, 1 cuillère à soupe, finement haché
- dessus de céleri
- sel et poivre au goût
- Ail, 1 gousse, hachée
- Thon en conserve, 7 oz
- yaourt grec, 2 cuillères à soupe

Instructions:

Égouttez le thon, ajoutez les œufs et le yaourt avec l'ail, salez et poivrez.

Mélangez ce mélange avec l'oignon dans un bol et formez des boulettes de viande. Prenez une grande poêle et faites revenir les boulettes de viande 3 minutes de chaque côté. Égoutter et servir.

Nutrition (pour 100 g) : 230 calories 13 g de matières grasses 0,8 g de glucides 10 g de protéines 866 mg de sodium

Steaks de poisson chauds et frais

Temps de préparation : 14 minutes
il est temps de cuisiner: 14 minutes
Portions : 2
Niveau de difficulté : Facile

Ingrédients:

- Ail, 1 gousse, hachée
- jus de citron, 1 cuillère à soupe
- cassonade, 1 cuillère à soupe
- Steak de flétan, 1 lb
- sel et poivre au goût
- sauce soja, ¼ cuillère à café
- beurre, 1 cuillère à soupe
- yaourt grec, 2 cuillères à soupe

Instructions:

Préchauffer le gril à feu moyen. Mélangez le beurre, le sucre, le yaourt, le jus de citron, la sauce soja et les épices dans un bol. Faites chauffer le mélange dans une poêle. Badigeonnez le steak de ce mélange pendant la cuisson. Il est servi chaud.

Nutrition (pour 100 g) : 412 calories 19,4 g de matières grasses 7,6 g de glucides 11 g de protéines 788 mg de sodium

Coquillages O'Marine

Temps de préparation : 20 minutes

il est temps de cuisiner: Dix minutes

Portions : 2

Niveau de difficulté : Facile

Ingrédients:

- Moules, nettoyées et décortiquées, 1 lb
- lait de coco, ½ tasse
- poivre de Cayenne, 1 cuillère à soupe
- Jus de citron frais, 1 cuillère à soupe
- Ail, 1 cuillère à soupe, haché
- Coriandre fraîchement hachée pour la décoration
- cassonade, 1 cuillère à café

Instructions:

Mélangez tous les ingrédients sauf les moules dans une casserole. Faites chauffer le mélange et portez à ébullition. Ajoutez les moules et laissez cuire 10 minutes. Servir dans un bol avec le liquide de cuisson.

Nutrition (pour 100 g) : 483 calories 24,4 g de matières grasses 21,6 g de glucides 1,2 g de protéines 499 mg de sodium

Rôti de bœuf méditerranéen au four lent

Temps de préparation : 10 minutes

il est temps de cuisiner: 10 heures et 10 minutes

Portions : 6

Niveau de difficulté : Moyen

Ingrédients:

- 3 kilos de steak désossé
- 2 cuillères à café de romarin
- ½ tasse de tomates séchées et hachées
- 10 gousses d'ail râpées
- ½ tasse de bouillon de bœuf
- 2 cuillères à soupe de vinaigre balsamique
- ¼ tasse de persil italien frais haché
- ¼ tasse d'olives hachées
- 1 cuillère à café de zeste de citron
- ¼ tasse de semoule

Instructions:

Ajoutez l'ail, les tomates séchées au soleil et le rosbif dans la mijoteuse. Ajouter le bouillon de bœuf et le romarin. Fermez le feu et laissez cuire lentement pendant 10 heures.

Après la cuisson, retirez la viande et coupez-la. Jetez la graisse. Remettez les tranches de viande dans la mijoteuse et laissez cuire 10 minutes. Dans un petit bol, mélangez le zeste de citron, le persil et les olives. Réfrigérer le mélange jusqu'au moment de servir. Garnir du mélange refroidi.

Servir sur des pâtes ou des nouilles aux œufs. Couvrir de fromage.

Nutrition (pour 100 g) : 314 calories 19 g de matières grasses 1 g de glucides 32 g de protéines 778 mg de sodium

Bœuf méditerranéen à la mijoteuse et artichauts

il est temps de se préparer: 3 heures et 20 minutes
il est temps de cuisiner: 7 heures et 8 minutes
Portions : 6
Niveau de difficulté : Facile

Ingrédients:

- 2 kilos de bœuf pour le ragoût
- 14 onces de cœurs d'artichauts
- 1 cuillère à soupe d'huile de raisin
- 1 oignon haché
- 32 onces de bouillon de bœuf
- 4 gousses d'ail, râpées
- 14½ onces de tomates en conserve, coupées en dés
- 15 onces de sauce tomate
- 1 cuillère à café d'origan séché
- ½ tasse d'olives dénoyautées, hachées
- 1 cuillère à café de persil séché
- 1 cuillère à café d'origan séché
- ½ cuillère à café de cumin moulu
- 1 cuillère à café de basilic séché
- 1 feuille de laurier
- ½ cuillère à café de sel

Instructions:

Versez un peu d'huile dans une grande poêle antiadhésive et faites chauffer à feu moyen-vif. Faire frire le bœuf jusqu'à ce qu'il soit doré des deux côtés. Transférez le bœuf dans la mijoteuse.

Ajouter la soupe de bœuf, les tomates concassées, la sauce tomate, le sel et mélanger. Verser dessus le bouillon de bœuf, les tomates concassées, l'origan, les olives, le basilic, le persil, le laurier et le cumin. Remuez bien le mélange.

Fermez et laissez cuire à feu doux pendant 7 heures. Jeter la feuille de laurier pour servir. Il est servi chaud.

Nutrition (pour 100 g) : 416 calories 5 g de matières grasses 14,1 g de glucides 29,9 g de protéines 811 mg de sodium

Steak maigre méditerranéen dans une mijoteuse

Temps de préparation : 30 minutes
Temps de préparation : 8 heures
Portions : 10
Difficulté : difficile D

Ingrédients:

- 4 kilos d'yeux ronds
- 4 gousses d'ail
- 2 cuillères à café d'huile d'olive
- 1 cuillère à café de poivre noir fraîchement moulu
- 1 tasse d'oignon haché
- 4 carottes, hachées
- 2 cuillères à café de romarin séché
- 2 branches de céleri hachées
- 28 onces de tomates concassées en conserve
- 1 tasse de bouillon de bœuf faible en sodium
- 1 tasse de vin rouge
- 2 cuillères à café de sel

Instructions:

Assaisonner le steak avec du sel, de l'ail et du poivre et réserver. Ajouter l'huile dans une poêle couverte et chauffer à feu moyen. Ajouter le bœuf et le faire dorer de tous les côtés. Transférez maintenant le rosbif dans une mijoteuse de 6 litres. Ajouter la carotte, l'oignon, le romarin et le céleri dans la poêle. Continuez la cuisson jusqu'à ce que les oignons et les légumes soient tendres.

Incorporer les tomates et le vin à ce mélange de légumes. Ajouter le bouillon de bœuf et le mélange de tomates dans la mijoteuse avec le mélange de légumes. Fermez et laissez cuire à feu doux pendant 8 heures.

Une fois la viande cuite, retirez-la de la mijoteuse, placez-la sur une planche à découper et enveloppez-la dans du papier aluminium. Pour épaissir la sauce, placez-la dans une casserole et laissez mijoter jusqu'à obtenir la consistance désirée. Jetez le gras avant de servir.

Nutrition (pour 100 g) : 260 calories 6 g de matières grasses 8,7 g de glucides 37,6 g de protéines 588 mg de sodium

Rôtir de la viande dans une mijoteuse

Temps de préparation : 10 minutes

il est temps de cuisiner: 6 heures et 10 minutes

Portions : 8

Niveau de difficulté : Moyen

Ingrédients:

- 2 kilogrammes de bison haché
- 1 courgette râpée
- 2 gros œufs
- Spray de cuisson à l'huile d'olive au besoin
- 1 courgette, hachée
- ½ tasse de persil frais, finement haché
- ½ tasse de parmesan, râpé
- 3 cuillères à soupe de vinaigre balsamique
- 4 gousses d'ail, râpées
- 2 cuillères à soupe d'oignon haché
- 1 cuillère à soupe d'origan séché
- ½ cuillère à café de poivre noir moulu
- ½ cuillère à café de sel casher
- Couverture:
- ¼ tasse de fromage mozzarella râpé
- ¼ tasse de ketchup sans sucre
- ¼ tasse de persil frais haché

Instructions:

Tapisser l'intérieur d'une mijoteuse de 6 litres de papier d'aluminium. Vaporisez-le d'huile de cuisson antiadhésive.

Dans un grand bol, mélanger le filet de bison ou de bœuf extra-maigre haché, la courgette, l'œuf, le persil, le vinaigre balsamique, l'ail, l'origan séché, le sel marin ou casher, l'oignon séché haché et le poivre noir moulu.

Ajoutez ce mélange dans la mijoteuse et formez un pain oblong. Couvrez le feu, réduisez le feu et laissez cuire 6 heures. Après la cuisson, ouvrez le feu et étalez du ketchup sur le pain.

Maintenant, mettez le fromage comme une nouvelle couche sur le ketchup et fermez la mijoteuse. Laissez le steak reposer sur ces deux couches pendant environ 10 minutes ou jusqu'à ce que le fromage commence à fondre. Garnir de persil frais et de mozzarella râpée.

Nutrition (pour 100 g) : 320 calories 2 g de matières grasses 4 g de glucides 26 g de protéines 681 mg de sodium

Hoagies au bœuf méditerranéen à la mijoteuse

Temps de préparation : 10 minutes
Temps de préparation : 13 heures
Portions : 6
Niveau de difficulté : Moyen

Ingrédients:

- 3 livres de steak rond de bœuf maigre
- ½ cuillère à café de poudre d'oignon
- ½ cuillère à café de poivre noir
- 3 tasses de bouillon de bœuf faible en sodium
- 4 cuillères à café de mélange à vinaigrette
- 1 feuille de laurier
- 1 cuillère à soupe d'ail, émincé
- 2 poivrons rouges, tranchés finement
- 16 onces de piments forts
- 8 tranches fines de Sargento Provolone
- 2 onces de pain sans gluten
- ½ cuillère à café de sel
- <u>Goûter:</u>
- 1½ cuillère à café de poudre d'oignon
- 1½ cuillères à café de poudre d'ail
- 2 cuillères à soupe de persil séché

- 1 cuillère à café de stévia
- ½ cuillère à café de thym séché
- 1 cuillère à soupe d'origan séché
- 2 cuillères à soupe de poivre noir
- 1 cuillère à soupe de sel
- 6 tranches de fromage

Instructions:

Séchez le steak avec une serviette en papier. Mélangez le poivre noir, la poudre d'oignon et le sel dans un petit bol et badigeonnez le steak du mélange. Placez le steak assaisonné dans la mijoteuse.

Placer le bouillon, le mélange de vinaigrette, les feuilles de laurier et l'ail dans une mijoteuse. Branchez-le soigneusement. Couvrir et laisser mijoter 12 heures. Après la cuisson, retirez la feuille de laurier.

Retirez le bœuf cuit et émincez-le. Gardez le bœuf haché et ajoutez le paprika. Placez les poivrons et les piments dans la mijoteuse. Couvrez le feu et laissez cuire à feu doux pendant 1 heure. Avant de servir, remplissez chaque pain de 3 onces du mélange de viande. Couvrir d'une tranche de fromage. La sauce liquide peut être utilisée comme trempette.

Nutrition (pour 100 g) : 442 calories 11,5 g de matières grasses 37 g de glucides 49 g de protéines 735 mg de sodium

Rôti de porc méditerranéen

Temps de préparation : 10 minutes

il est temps de cuisiner: 8 heures et 10 minutes

Portions : 6

Niveau de difficulté : Moyen

Ingrédients:

- 2 cuillères à soupe d'huile d'olive
- 2 kilos de rôti de porc
- ½ cuillère à café de paprika
- ¾ tasse de bouillon de poulet
- 2 cuillères à café de sauge séchée
- ½ cuillère à soupe d'ail émincé
- ¼ cuillère à café de marjolaine séchée
- ¼ cuillère à café de romarin séché
- 1 cuillère à café d'origan
- ¼ cuillère à café de thym séché
- 1 cuillère à café de basilic
- ¼ cuillère à café de sel casher

Instructions:

Dans un petit bol, mélanger le bouillon, l'huile, le sel et les épices. Versez l'huile d'olive dans une poêle et faites chauffer à feu moyen. Ajouter le porc et cuire jusqu'à ce qu'il soit doré de tous les côtés.

Lorsque le porc est cuit, retirez-le et percez le steak partout avec un couteau. Placez le rôti de porc dans une casserole de 6 litres. Versez maintenant le mélange liquide du petit bol sur le steak.

Couvrez la marmite et laissez cuire à feu doux pendant 8 heures. Une fois cuit, retirez-le de la casserole, placez-le sur une planche à découper et coupez-le en morceaux. Remettez ensuite le porc haché dans la marmite. Cuire encore 10 minutes. Il est servi avec du fromage feta, du pain et des tomates.

Nutrition (pour 100 g) : 361 calories 10,4 g de matières grasses 0,7 g de glucides 43,8 g de protéines 980 mg de sodium

pizza au boeuf

Temps de préparation : 20 minutes
il est temps de cuisiner: 50 minutes
Portions : 10
Difficulté : difficile D

Ingrédients:

- <u>Pour la pâte:</u>
- 3 tasses de farine tout usage
- 1 cuillère de sucre
- 2¼ cuillères à café de levure sèche active
- 1 cuillère à café de sel
- 2 cuillères à soupe d'huile d'olive
- 1 tasse d'eau tiède
- <u>Pour la peinture :</u>
- 1kg de boeuf haché
- 1 oignon moyen, haché
- 2 cuillères à soupe de purée de tomates
- 1 cuillère à soupe de cumin moulu
- Sel et poivre noir moulu au besoin
- ¼ tasse d'eau
- 1 tasse d'épinards frais, hachés
- 8 onces de cœurs d'artichauts, coupés en quartiers
- 4 onces de champignons frais, tranchés

- 2 tomates hachées
- 4 onces de fromage feta, émietté

Instructions:

Pour la pâte:

Mélangez la farine, le sucre, la levure et le sel dans un robot culinaire muni d'un crochet pétrisseur. Ajoutez 2 cuillères à soupe d'huile et d'eau tiède et obtenez une pâte lisse et élastique.

Formez une boule avec la pâte et laissez-la reposer environ 15 minutes.

Placez la pâte sur une surface légèrement farinée et roulez-la en cercle. Versez la pâte dans un moule à pizza rond légèrement graissé et appuyez doucement. Laissez-le de côté pendant environ 10 à 15 minutes. Badigeonner la croûte d'un peu d'huile. Préchauffer le four à 400 degrés F.

Pour la peinture :

Faire dorer le bœuf dans une poêle couverte à feu moyen pendant environ 4 à 5 minutes. Incorporer l'oignon et faire revenir environ 5 minutes en remuant souvent. Ajouter la pâte de tomate, le cumin, le sel, le poivre noir et l'eau et mélanger.

Réglez le feu à moyen et laissez cuire environ 5 à 10 minutes. Retirer du feu et réserver. Placer le mélange de bœuf sur la pizza et garnir d'épinards, puis d'artichauts, de champignons, de tomates et de fromage feta.

Cuire au four jusqu'à ce que le fromage fonde. Retirer du four et laisser reposer 3 à 5 minutes avant de trancher. Coupez des tranches de la taille désirée et servez.

Nutrition (pour 100 g) : 309 calories 8,7 g de matières grasses 3,7 g de glucides 3,3 g de protéines 732 mg de sodium

Boulettes de bœuf et boulgour

Temps de préparation : 20 minutes

il est temps de cuisiner: 28 minutes

Portions : 6

Niveau de difficulté : Moyen

Ingrédients:

- ¾ tasse de boulgour cru
- 1kg de boeuf haché
- ¼ tasse d'échalote, hachée
- ¼ tasse de persil frais, haché
- ½ cuillère à café de piment de la Jamaïque moulu
- ½ cuillère à café de cumin moulu
- ½ cuillère à café de cannelle moulue
- ¼ cuillère à café de flocons de piment rouge, écrasés
- sel, si besoin
- 1 cuillère à soupe d'huile d'olive

Instructions:

Faire tremper le boulgour dans un grand bol d'eau froide pendant environ 30 minutes. Bien égoutter le boulgour, puis le presser avec les mains pour éliminer l'excès d'eau. Au robot culinaire, mélanger le boulgour, le bœuf, l'échalote, le persil, les épices, le sel et les légumes jusqu'à homogénéisation.

Placer le mélange dans un bol, couvrir et réfrigérer environ 30 minutes. Sortez du réfrigérateur et façonnez le mélange de bœuf en boules de même taille. Dans une grande poêle antiadhésive, faites chauffer l'huile à feu moyen-vif et faites cuire les boulettes de viande en 2 fois, environ 13 à 14 minutes, en les retournant fréquemment. Servir chaud.

Nutrition (pour 100 g) : 228 calories 7,4 g de matières grasses 0,1 g de glucides 3,5 g de protéines 766 mg de sodium

Délicieux bœuf et brocoli

Temps de préparation : 10 minutes
il est temps de cuisiner: 15 minutes
Portions : 4
Niveau de difficulté : Facile

Ingrédients:

- 1 et ½ kilogrammes. bifteck de flanc
- 1 cuillère. huile d'olive
- 1 cuillère. Sauce Tamari
- 1 tasse de bouillon de boeuf
- 1 kilogramme de brocoli, fleurons séparés

Instructions:

Mélangez les lanières de steak avec l'huile et le tamari, mélangez et laissez reposer 10 minutes. Allumez l'Instant Pot en mode friture, ajoutez les nouilles au bœuf et faites frire pendant 4 minutes de chaque côté. Incorporer le bouillon, couvrir à nouveau la casserole et cuire à feu vif pendant 8 minutes. Incorporer le brocoli, couvrir et cuire à feu vif pendant encore 4 minutes. Mettez le tout dans des assiettes et servez. Apprécier!

Nutrition (pour 100 g) : 312 calories 5 g de matières grasses 20 g de glucides 4 g de protéines 694 mg de sodium

Corned-beef au chili

Temps de préparation : 8 à 10 minutes
il est temps de cuisiner: 30 minutes
Portions : 8
Niveau de difficulté : Moyen

Ingrédients:

- 2 petits oignons, hachés (petits)
- ¼ tasse de maïs en conserve
- 1 cuillère à soupe d'huile
- 10 onces de bœuf maigre
- 2 petits piments, coupés en dés

Instructions:

Allumez l'Instant Pot. Cliquez sur "SAUTEN". Versez l'huile, puis ajoutez l'oignon, le piment et le bœuf; cuire jusqu'à ce qu'il soit translucide et tendre. Versez 3 tasses d'eau dans la casserole; Bien mélanger.

Ferme la couverture. Sélectionnez VIANDE/PRAC. Réglez la minuterie sur 20 minutes. Laissez cuire jusqu'à ce que le minuteur atteigne zéro.

Cliquez sur "ANNULER" puis sur "NPR" pour relâcher la pression naturelle pendant environ 8 à 10 minutes. Ouvrez le bol et disposez-le sur des assiettes de service. Servir.

Nutrition (pour 100 g) : 94 calories 5 g de matières grasses 2 g de glucides 7 g de protéines 477 mg de sodium

Plat de boeuf balsamique

Temps de préparation : 5 minutes
il est temps de cuisiner: 55 minutes
Portions : 8
Niveau de difficulté : Moyen

Ingrédients:

- 3 livres de steak de paleron
- 3 gousses d'ail, tranchées finement
- 1 cuillère à soupe d'huile
- 1 cuillère à café de vinaigre aromatique
- ½ cuillère à café de poivre
- ½ cuillère à café de romarin
- 1 cuillère à soupe de beurre
- ½ cuillère à café de thym
- ¼ tasse de vinaigre balsamique
- 1 tasse de bouillon de boeuf

Instructions:

Découpez des bandes dans la pâte et farcissez les tranches d'ail tout autour. Mélangez le vinaigre d'épices, le romarin, le poivre, le thym et étalez le mélange sur les plats allant au four. Réglez la casserole en mode sauté et incorporez l'huile, laissez l'huile chauffer. Nous cuisons des deux côtés.

Retirer et réserver. Mélangez le beurre, le bouillon, le vinaigre balsamique et déglacez la poêle. Retournez le steak et fermez le couvercle, puis faites cuire à puissance élevée pendant 40 minutes.

Effectuez une libération rapide. Servir!

Nutrition (pour 100 g) : 393 calories 15 g de matières grasses 25 g de glucides 37 g de protéines 870 mg de sodium

Rôti de boeuf à la sauce soja

Temps de préparation : 8 minutes
il est temps de cuisiner: 35 minutes
Portions : 2-3
Niveau de difficulté : Moyen

Ingrédients:

- ½ cuillère à café de bouillon de bœuf
- 1 ½ cuillère à café de romarin
- ½ cuillère à café d'ail émincé
- 2 kilos de steak de bœuf
- 1/3 tasse de sauce soja

Instructions:

Mélangez la sauce soja, le bouillon, le romarin et l'ail dans un bol.

Allumez l'Instant Pot. Mettre le steak de côté et couvrir de suffisamment d'eau pour recouvrir le steak ; remuez doucement pour bien mélanger. Fermez-le hermétiquement.

Cliquez sur la fonction de cuisson « VIANDE/RAGOÛT » ; Réglez le niveau de pression sur « ÉLEVÉ » et réglez le temps de cuisson sur 35 minutes. Laissez la pression monter pour cuire les ingrédients. Une fois terminé, cliquez sur le paramètre « ANNULER » puis cliquez sur la fonction de cuisson « NPR » pour relâcher naturellement la pression.

Ouvrez progressivement le couvercle et coupez la viande. Mélangez la viande hachée dans le sol et mélangez bien. Verser dans des bols de service. Servir chaud.

Nutrition (pour 100 g) : 423 calories 14 g de matières grasses 12 g de glucides 21 g de protéines 884 mg de sodium

Rôti de boeuf au romarin

Temps de préparation : 5 minutes
il est temps de cuisiner: 45 minutes
Portions : 5-6
Niveau de difficulté : Moyen

Ingrédients:

- 3 kilos de steak
- 3 gousses d'ail
- ¼ tasse de vinaigre balsamique
- 1 brin de romarin frais
- 1 branche de thym frais
- 1 tasse d'eau
- 1 cuillère à soupe d'huile végétale
- sel et poivre au goût

Instructions:

Coupez le steak de bœuf et ajoutez les gousses d'ail. Frottez le steak avec des herbes, du poivre noir et du sel. Préchauffez l'Instant Pot à ébullition et versez-y de l'huile. Après avoir chauffé, incorporez le bœuf et faites-le frire jusqu'à ce qu'il soit doré de tous les côtés, en remuant constamment. Ajouter le reste des ingrédients; mélanger délicatement.

Sceller et cuire à puissance élevée en réglage manuel pendant 40 minutes. Relâchez la pression naturellement, environ 10 minutes. Couvrir le rosbif et le déposer sur des assiettes de service, trancher et servir.

Nutrition (pour 100 g) : 542 calories 11,2 g de matières grasses 8,7 g de glucides 55,2 g de protéines 710 mg de sodium

Côtelettes de porc et sauce tomate

Temps de préparation : 10 minutes

il est temps de cuisiner: 20 minutes

Portions : 4

Niveau de difficulté : Facile

Ingrédients:

- 4 côtelettes de porc, désossées
- 1 cuillère à soupe de sauce soja
- ¼ cuillère à café d'huile de sésame
- 1 tasse et demie de concentré de tomate
- 1 oignon jaune
- 8 champignons, tranchés

Instructions:

Mélangez les côtelettes de porc dans un bol avec la sauce soja et l'huile de sésame, mélangez et laissez reposer 10 minutes. Réglez l'Instant Pot en mode sauté, ajoutez les côtelettes de porc et saisissez-les 5 minutes de chaque côté. Incorporer l'oignon et cuire encore 1 à 2 minutes. Ajouter la purée de tomates et les champignons, remuer, couvrir et cuire à feu vif pendant 8 à 9 minutes. Mettez le tout dans des assiettes et servez. Apprécier!

Nutrition (pour 100 g) : 300 calories 7 g de matières grasses 18 g de glucides 4 g de protéines 801 mg de sodium

Poulet à la sauce aux câpres

Temps de préparation : 10 minutes

il est temps de cuisiner: 18 minutes

Portions : 5

Difficulté : difficile D

Ingrédients:

- Pour le poulet :
- 2 oeufs
- Sel et poivre noir moulu au besoin
- 1 tasse de chapelure sèche
- 2 cuillères à soupe d'huile d'olive
- 1½ livre de poitrine de poulet sans peau et désossée, râpée à « un pouce d'épaisseur et coupée en morceaux »
- Pour la sauce aux câpres :
- 3 cuillères à soupe de câpres
- ½ tasse de vin blanc sec
- 3 cuillères à soupe de jus de citron frais
- Sel et poivre noir moulu au besoin
- 2 cuillères à soupe de persil frais haché

Instructions:

Pour le poulet : Dans un bol peu profond, ajouter les œufs, le sel et le poivre noir et mélanger jusqu'à ce que le tout soit bien mélangé. Dans un autre bol peu profond, ajoutez la chapelure. Trempez les morceaux de poulet dans le mélange d'œufs, puis enrobez-les uniformément de chapelure. Essuyez l'excédent de chapelure.

Faites chauffer l'huile à feu moyen-vif et faites frire les morceaux de poulet pendant environ 5 à 7 minutes de chaque côté ou jusqu'à ce qu'ils soient cuits. Placer les morceaux de poulet à l'aide d'une écumoire sur une assiette recouverte de papier absorbant. Couvrir les morceaux de poulet d'un morceau de papier d'aluminium pour les garder au chaud.

Dans la même poêle, ajouter tous les ingrédients de la sauce sauf le persil et cuire environ 2-3 minutes en remuant constamment. Incorporer le persil et retirer du feu. Servir les morceaux de poulet nappés de sauce aux câpres.

Nutrition (pour 100 g) : 352 calories 13,5 g de matières grasses 1,9 g de glucides 1,2 g de protéines 741 mg de sodium

Burger de dinde avec salsa de mangue

Temps de préparation : 15 minutes

il est temps de cuisiner: Dix minutes

Portions : 6

Niveau de difficulté : Facile

Ingrédients:

- 1½ kg de poitrine de dinde hachée
- 1 cuillère à café de sel marin, divisé
- ¼ cuillère à café de poivre noir fraîchement moulu
- 2 cuillères à soupe d'huile d'olive extra vierge
- 2 mangues pelées, épépinées et coupées en dés
- ½ oignon rouge, finement haché
- le jus d'1 citron vert
- 1 gousse d'ail, hachée
- ½ piment jalapeño, épépiné et finement haché
- 2 cuillères à soupe de feuilles de coriandre fraîche hachées

Instructions:

Préparez 4 galettes de poitrine de dinde et assaisonnez avec ½ cuillère à café de sel marin et de poivre. Faites chauffer l'huile d'olive dans une poêle antiadhésive jusqu'à ce qu'elle brille. Ajouter les boulettes de viande de dinde et cuire jusqu'à ce qu'elles soient dorées, environ 5 minutes de chaque côté. Pendant que les boulettes de viande cuisent, mélangez la mangue, l'oignon rouge, le jus de citron vert, l'ail, le jalapeño, la coriandre et la 1/2 cuillère à café de sel marin restante dans un petit bol. Versez la salsa sur les boulettes de dinde et servez.

Nutrition (pour 100 g) : 384 calories 3 g de matières grasses 27 g de glucides 34 g de protéines 692 mg de sodium

Poitrine de dinde rôtie aux herbes

Temps de préparation : 15 minutes

il est temps de cuisiner: 1h30 (plus 20 minutes de repos)

Portions : 6

Niveau de difficulté : Moyen

Ingrédients:

- 2 cuillères à soupe d'huile d'olive extra vierge
- 4 gousses d'ail, hachées
- le zeste d'1 citron
- 1 cuillère à soupe de feuilles de thym fraîchement hachées
- 1 cuillère à soupe de feuilles de romarin frais hachées
- 2 cuillères à soupe de persil italien fraîchement haché
- 1 cuillère à café de moutarde moulue
- 1 cuillère à café de sel marin
- ¼ cuillère à café de poivre noir fraîchement moulu
- 1 (6 livres) poitrine de dinde désossée, avec la peau
- 1 tasse de vin blanc sec

Instructions:

Préchauffer le four à 325°F. Mélangez l'huile d'olive, l'ail, le zeste de citron, le thym, le romarin, le persil, la moutarde, le sel marin et le poivre. Enduisez uniformément la poitrine de dinde avec le mélange d'herbes, dépliez la peau et recouvrez également le dessous. Placez la poitrine de dinde, côté peau vers le haut, dans la rôtissoire sur le gril.

Versez le vin dans la poêle. Rôtir jusqu'à ce que la dinde atteigne une température interne de 165 degrés F, 1 à 1 1/2 heures. Retirer du four et réserver au chaud séparément avec du papier d'aluminium pendant 20 minutes avant de trancher.

Nutrition (pour 100 g) : 392 calories 1 g de matières grasses 2 g de glucides 84 g de protéines 741 mg de sodium

Saucisse de poulet et paprika

Temps de préparation : 10 minutes

il est temps de cuisiner: 20 minutes

Portions : 6

Niveau de difficulté : Moyen

Ingrédients:

- 2 cuillères à soupe d'huile d'olive extra vierge
- 6 liens vers les saucisses de poulet italiennes
- 1 oignon
- 1 poivron rouge
- 1 poivron vert
- 3 gousses d'ail hachées
- ½ tasse de vin blanc sec
- ½ cuillère à café de sel marin
- ¼ cuillère à café de poivre noir fraîchement moulu
- Une pincée de flocons de piment rouge

Instructions:

Faites chauffer l'huile d'olive dans une grande poêle jusqu'à ce qu'elle soit scintillante. Ajouter les saucisses et cuire, en les retournant de temps en temps, jusqu'à ce qu'elles soient dorées et que la température interne atteigne 165 °F, 5 à 7 minutes. À l'aide de pinces, retirez le saucisson de la poêle et réservez-le au chaud sur une assiette recouverte de papier aluminium.

Portez la poêle sur le feu et incorporez l'oignon, le poivron rouge et le poivron vert. Cuire en remuant de temps en temps jusqu'à ce que les légumes commencent à dorer. Ajouter l'ail et cuire 30 secondes en remuant constamment.

Incorporer le vin, le sel marin, le poivre et les flocons de piment rouge. Retirez les morceaux dorés du fond de la poêle et retournez-les. Cuire en remuant encore 4 minutes, jusqu'à ce que le liquide soit réduit de moitié. Saupoudrer les poivrons sur la saucisse et servir.

Nutrition (pour 100 g) : 173 calories 1 g de matières grasses 6 g de glucides 22 g de protéines 582 mg de sodium

Poulet Piccata

Temps de préparation : 10 minutes

il est temps de cuisiner: 15 minutes

Portions : 6

Niveau de difficulté : Moyen

Ingrédients:

- ½ tasse de farine complète
- ½ cuillère à café de sel marin
- 1/8 cuillère à café de poivre noir fraîchement moulu
- 1½ kg de poitrine de poulet, coupée en 6 morceaux
- 3 cuillères à soupe d'huile d'olive extra vierge
- 1 tasse de bouillon de poulet non salé
- ½ tasse de vin blanc sec
- le jus d'1 citron
- le zeste d'1 citron
- ¼ tasse de câpres, égouttées et rincées
- ¼ tasse de persil frais haché

Instructions:

Dans un bol peu profond, mélanger la farine, le sel marin et le poivre. Draguez le poulet dans la farine et secouez-le pour éliminer l'excédent. Faites cuire l'huile d'olive jusqu'à ce qu'elle épaississe.

Ajouter le poulet et cuire jusqu'à ce qu'il soit doré, environ 4 minutes de chaque côté. Retirez le poulet de la poêle et réservez-le, recouvert de papier d'aluminium, pour le garder au chaud.

Mettez la poêle sur le feu et ajoutez le bouillon, le vin, le jus de citron, le zeste de citron et les câpres. À l'aide d'une cuillère, repliez tous les morceaux dorés du fond de la poêle. Cuire jusqu'à ce que le liquide épaississe. Retirez la casserole du feu et remettez le poulet dans la poêle. Revenez au manteau. Incorporer le persil et servir.

Nutrition (pour 100 g) : 153 calories 2 g de matières grasses 9 g de glucides 8 g de protéines 692 mg de sodium

Poulet toscan dans une poêle

Temps de préparation : 10 minutes

il est temps de cuisiner: 25 minutes

Portions : 6

Difficulté : difficile D

Ingrédients:

- ¼ tasse d'huile d'olive extra vierge, divisée
- 1 livre de poitrine de poulet sans peau et désossée, coupée en morceaux d'un pouce
- 1 oignon, haché
- 1 poivron rouge, haché
- 3 gousses d'ail hachées
- ½ tasse de vin blanc sec
- 1 boîte (14 onces) de tomates concassées non pelées
- 1 boîte (14 onces) de tomates en dés, égouttées
- 1 boîte de haricots (14 onces), égouttés
- 1 cuillère à soupe d'assaisonnement italien sec
- ½ cuillère à café de sel marin
- 1/8 cuillère à café de poivre noir fraîchement moulu
- 1/8 cuillère à café de flocons de piment rouge
- ¼ tasse de feuilles de basilic frais hachées

Instructions:

Cuire dans 2 cuillères à soupe d'huile d'olive jusqu'à coloration. Incorporer le poulet et faire revenir jusqu'à ce qu'il soit doré.

Retirer le poulet de la poêle et réserver au chaud sur une assiette recouverte de papier aluminium.

Remettez la poêle sur le feu et faites chauffer le reste de l'huile d'olive. Ajouter l'oignon et le poivron rouge. Cuire en remuant de temps en temps jusqu'à ce que les légumes soient tendres. Ajouter l'ail et cuire 30 secondes en remuant constamment.

Incorporez le vin et utilisez le côté de la cuillère pour gratter les morceaux dorés du fond de la casserole. Cuire 1 minute en remuant continuellement.

Incorporer les tomates en purée et hachées, les haricots, l'assaisonnement italien, le sel marin, le poivre et les flocons de piment rouge. Bouillir. Cuire 5 minutes en remuant de temps en temps.

Ajoutez le poulet et le jus accumulé dans la poêle. Cuire jusqu'à ce que le poulet soit prêt. Retirer du feu et incorporer le basilic avant de servir.

Nutrition (pour 100 g) : 271 calories 8 g de matières grasses 29 g de glucides 14 g de protéines 596 mg de sodium

Poulet Kapama

Temps de préparation : 10 minutes

Temps de préparation : 2 heures

Portions : 4

Niveau de difficulté : Moyen

Ingrédients:

- 1 boîte (32 onces) de tomates en dés, égouttées
- ¼ tasse de vin blanc sec
- 2 cuillères à soupe de purée de tomates
- 3 cuillères à soupe d'huile d'olive extra vierge
- ¼ cuillère à café de flocons de piment rouge
- 1 cuillère à café de piment de la Jamaïque moulu
- ½ cuillère à café d'origan séché
- 2 clous de girofle entiers
- 1 bâton de cannelle
- ½ cuillère à café de sel marin
- 1/8 cuillère à café de poivre noir fraîchement moulu
- 4 moitiés de poitrine de poulet désossées et sans peau

Instructions:

Dans une grande casserole, mélanger les tomates, le vin, la pâte de tomates, l'huile d'olive, les flocons de piment rouge, le piment de la Jamaïque, l'origan, les clous de girofle, la cannelle, le sel marin et le poivre. Porter à ébullition en remuant de temps en temps. Cuire 30 minutes en remuant de temps en temps. Retirez et jetez les clous de girofle entiers et le bâton de cannelle de la sauce et laissez la sauce refroidir.

Préchauffer le four à 350°F. Placez le poulet dans un plat allant au four de 9 x 13 pouces. Versez la sauce sur le poulet et couvrez la poêle de papier d'aluminium. Continuez la cuisson jusqu'à ce que la température interne atteigne 165°F.

Nutrition (pour 100 g) : 220 calories 3 g de matières grasses 11 g de glucides 8 g de protéines 923 mg de sodium

Poitrine de poulet farcie aux épinards et feta

Temps de préparation : 10 minutes
il est temps de cuisiner: 45 minutes
Portions : 4
Niveau de difficulté : Moyen

Ingrédients:

- 2 cuillères à soupe d'huile d'olive extra vierge
- 1 kilogramme d'épinards frais
- 3 gousses d'ail hachées
- le zeste d'1 citron
- ½ cuillère à café de sel marin
- 1/8 cuillère à café de poivre noir fraîchement moulu
- ½ tasse de fromage feta râpé
- 4 poitrines de poulet désossées et sans peau

Instructions:

Préchauffer le four à 350°F. Faites cuire l'huile d'olive à feu moyen jusqu'à ce qu'elle soit scintillante. Ajoutez les épinards. Continuez à cuire et remuez jusqu'à ce qu'il soit flétri.

Mélangez l'ail, le zeste de citron, le sel marin et le poivre. Cuire 30 secondes en remuant constamment. Laisser refroidir légèrement et incorporer le fromage.

Répartir uniformément le mélange d'épinards et de fromage sur les morceaux de poulet et rouler les poitrines autour de la garniture. Conserver scellé avec des cure-dents ou de la ficelle de boucher. Placer les poitrines dans un plat allant au four de 9 x 13 pouces et cuire au four pendant 30 à 40 minutes, ou jusqu'à ce que la température interne du poulet atteigne 165 F. Retirer du four et laisser reposer 5 minutes avant de trancher et de servir.

Nutrition (pour 100 g) : 263 calories 3 g de matières grasses 7 g de glucides 17 g de protéines 639 mg de sodium

Cuisses de poulet rôties au romarin

Temps de préparation : 5 minutes

Temps de cuisson : 1 heure

Portions : 6

Niveau de difficulté : Facile

Ingrédients:

- 2 cuillères à soupe de feuilles de romarin frais hachées
- 1 cuillère à café de poudre d'ail
- ½ cuillère à café de sel marin
- 1/8 cuillère à café de poivre noir fraîchement moulu
- le zeste d'1 citron
- 12 pilons de poulet

Instructions:

Préchauffer le four à 350°F. Mélangez le romarin, la poudre d'ail, le sel marin, le poivre et le zeste de citron.

Placer les pilons dans un plat allant au four de 9" x 13" et saupoudrer du mélange de romarin. Rôtir jusqu'à ce que le poulet atteigne une température interne de 165 °F.

Nutrition (pour 100 g) : 163 calories 1 g de matières grasses 2 g de glucides 26 g de protéines 633 mg de sodium

Poulet aux oignons, pommes de terre, figues et carottes

Temps de préparation : 5 minutes
il est temps de cuisiner: 45 minutes
Portions : 4
Niveau de difficulté : Moyen

Ingrédients:

- 2 tasses de pommes de terre au four, coupées en deux
- 4 figues fraîches, coupées en quartiers
- 2 carottes, julienne
- 2 cuillères à soupe d'huile d'olive extra vierge
- 1 cuillère à café de sel marin, divisé
- ¼ cuillère à café de poivre noir fraîchement moulu
- 4 quarts de cuisses de poulet
- 2 cuillères à soupe de persil frais haché

Instructions:

Préchauffer le four à 425°C. Dans un petit bol, mélanger les pommes de terre, les figues et les carottes avec l'huile d'olive, ½ cuillère à café de sel marin et le poivre. Étaler dans un plat allant au four de 9 x 13 pouces.

Assaisonner le poulet avec le reste du sel marin. Placer sur les légumes. Rôtir jusqu'à ce que les légumes soient tendres et que le poulet atteigne une température interne de 165 °F. Saupoudrer de persil et servir.

Nutrition (pour 100 g) : 429 calories 4 g de matières grasses 27 g de glucides 52 g de protéines 581 mg de sodium

Gyros de poulet au tzatziki

Temps de préparation : 15 minutes

il est temps de cuisiner: 1 heure et 20 minutes

Portions : 6

Niveau de difficulté : Moyen

Ingrédients:

- 1 kg de poitrine de poulet hachée
- 1 oignon râpé et pressé avec un excès d'eau
- 2 cuillères à soupe de romarin séché
- 1 cuillère à soupe de marjolaine séchée
- 6 gousses d'ail, hachées
- ½ cuillère à café de sel marin
- ¼ cuillère à café de poivre noir fraîchement moulu
- Sauce tzatziki

Instructions:

Préchauffer le four à 350°F. Dans un robot culinaire, mélanger le poulet, l'oignon, le romarin, la marjolaine, l'ail, le sel marin et le poivre. Mélangez jusqu'à ce que le mélange forme une pâte. Alternativement, mélangez bien ces ingrédients dans un bol (voir conseil de préparation).

Pressez le mélange dans le bol. Cuire au four jusqu'à ce qu'il atteigne une température interne de 165 degrés. Retirer du four et laisser reposer 20 minutes avant de trancher.

Coupez les gyros et versez dessus la sauce tzatziki.

Nutrition (pour 100 g) : 289 calories 1 g de matières grasses 20 g de glucides 50 g de protéines 622 mg de sodium

Moussaka

Temps de préparation : 10 minutes
il est temps de cuisiner: 45 minutes
Portions : 8
Difficulté : difficile D

Ingrédients:

- 5 cuillères à soupe d'huile d'olive extra vierge, divisées
- 1 aubergine, tranchée (non pelée)
- 1 oignon, haché
- 1 poivron vert, sans pépins et haché
- 1 kilogramme de dinde hachée
- 3 gousses d'ail hachées
- 2 cuillères à soupe de purée de tomates
- 1 boîte (14 onces) de tomates en dés, égouttées
- 1 cuillère à soupe d'assaisonnement italien
- 2 cuillères à café de sauce Worcestershire
- 1 cuillère à café d'origan séché
- ½ cuillère à café de cannelle moulue
- 1 tasse de yogourt grec nature sans gras et non sucré
- 1 œuf battu
- ¼ cuillère à café de poivre noir fraîchement moulu
- ¼ cuillère à café de muscade moulue
- ¼ tasse de parmesan râpé
- 2 cuillères à soupe de persil frais haché

Instructions:

Préchauffer le four à 400°C. Cuire dans 3 cuillères à soupe d'huile d'olive jusqu'à coloration. Ajoutez les tranches d'aubergines et faites revenir 3 à 4 minutes de chaque côté. Transférer sur du papier absorbant pour égoutter.

Remettez la poêle sur le feu et versez les 2 cuillères à soupe d'huile d'olive restantes. Ajoutez l'oignon et le poivron vert. Poursuivez la cuisson jusqu'à ce que les légumes soient tendres. Retirer de la poêle et réserver.

Mettez la poêle sur le feu et remuez la dinde. Faites frire pendant environ 5 minutes, en le brisant avec une cuillère jusqu'à ce qu'il soit doré. Incorporer l'ail et faire revenir pendant 30 secondes.

Incorporer la pâte de tomates, les tomates, l'assaisonnement italien, la sauce Worcestershire, l'origan et la cannelle. Remettez l'oignon et le poivron dans la poêle. Cuire 5 minutes en remuant continuellement. Mélangez le yaourt, l'œuf, le poivre, la muscade et le fromage.

Étalez la moitié du mélange de viande dans un plat allant au four de 9 x 13 pouces. Disposez dessus la moitié de l'aubergine. Ajouter le reste du mélange de viande et le reste des aubergines. Tartiner avec le mélange de yaourt. Cuire au four jusqu'à ce qu'il soit doré. Garnir de persil et servir.

Nutrition (pour 100 g) : 338 calories 5 g de matières grasses 16 g de glucides 28 g de protéines 569 mg de sodium

Filet de porc dijonnais et herbes

Temps de préparation : 10 minutes

il est temps de cuisiner: 30 minutes

Portions : 6

Niveau de difficulté : Moyen

Ingrédients:

- ½ tasse de persil italien frais, haché
- 3 cuillères à soupe de feuilles de romarin frais hachées
- 3 cuillères à soupe de feuilles de thym frais hachées
- 3 cuillères à soupe de moutarde de Dijon
- 1 cuillère à soupe d'huile d'olive extra vierge
- 4 gousses d'ail, hachées
- ½ cuillère à café de sel marin
- ¼ cuillère à café de poivre noir fraîchement moulu
- 1 (1½ kilo) longe de porc

Instructions:

Préchauffer le four à 400°C. Mélangez le persil, le romarin, le thym, la moutarde, l'huile d'olive, l'ail, le sel marin et le poivre. Battre jusqu'à consistance lisse pendant environ 30 secondes. Répartir uniformément le mélange sur le porc et déposer sur une plaque à pâtisserie à rebords.

Rôtir jusqu'à ce que la viande atteigne une température interne de 140° F. Retirer du four et laisser reposer 10 minutes avant de trancher et de servir.

Nutrition (pour 100 g) : 393 calories 3 g de matières grasses 5 g de glucides 74 g de protéines 697 mg de sodium

Steak sauce aux champignons et au vin rouge

il est temps de se préparer: Minutes plus 8 heures de marinade
il est temps de cuisiner: 20 minutes
Portions : 4
Difficulté : difficile D

Ingrédients:

- <u>Pour la marinade et le steak</u>
- 1 tasse de vin rouge sec
- 3 gousses d'ail hachées
- 2 cuillères à soupe d'huile d'olive extra vierge
- 1 cuillère à soupe de sauce soja faible en sodium
- 1 cuillère à soupe de thym séché
- 1 cuillère à café de moutarde de Dijon
- 2 cuillères à soupe d'huile d'olive extra vierge
- 1 à 1½ livre de steak, de fer plat ou de steak à trois pointes
- <u>Pour la sauce aux champignons</u>
- 2 cuillères à soupe d'huile d'olive extra vierge
- 1 kg de champignons cremini, coupés en quartiers
- ½ cuillère à café de sel marin
- 1 cuillère à café de thym séché
- 1/8 cuillère à café de poivre noir fraîchement moulu

- 2 gousses d'ail, hachées
- 1 tasse de vin rouge sec

Instructions:

Pour la marinade et le steak

Dans un petit bol, fouetter ensemble le vin, l'ail, l'huile d'olive, la sauce soja, le thym et la moutarde. Placer dans un sac refermable et ajouter le steak. Réfrigérez le steak pendant 4 à 8 heures pour le faire mariner. Retirez le steak de la marinade et séchez-le avec une serviette en papier.

Faites chauffer l'huile d'olive dans une grande poêle jusqu'à ce qu'elle soit scintillante.

Placer le steak et cuire jusqu'à ce qu'il soit doré de chaque côté et que le steak atteigne une température interne de 140°F, environ 4 minutes de chaque côté. Retirez le steak de la poêle et placez-le sur une assiette recouverte de papier d'aluminium pour le garder au chaud pendant que vous préparez la sauce aux champignons.

Lorsque la sauce aux champignons est prête, coupez le steak à contre-courant en tranches de ½ pouce.

Pour la sauce aux champignons

Dans la même poêle, faites chauffer l'huile à feu moyen. Ajouter les champignons, le sel marin, le thym et le poivre. Cuire, très saignant, jusqu'à ce que les champignons soient dorés, 6 minutes.

Faites frire l'ail. Incorporez le vin et grattez les morceaux dorés du fond de la casserole avec le côté d'une cuillère en bois. Cuire jusqu'à ce que le liquide réduise de moitié. Servir les champignons tranchés dans les steaks.

Nutrition (pour 100 g) : 405 calories 5 g de matières grasses 7 g de glucides 33 g de protéines 842 mg de sodium

Boulettes de viande à la grecque

Temps de préparation : 20 minutes

il est temps de cuisiner: 25 minutes

Portions : 4

Niveau de difficulté : Moyen

Ingrédients:

- 2 tranches de pain complet
- 1¼ kilos de dinde hachée
- 1 oeuf
- ¼ tasse de chapelure de blé entier assaisonnée
- 3 gousses d'ail hachées
- ¼ d'oignon rouge, râpé
- ¼ tasse de persil italien fraîchement haché
- 2 cuillères à soupe de feuilles de menthe fraîche hachées
- 2 cuillères à soupe de feuilles d'origan frais hachées
- ½ cuillère à café de sel marin
- ¼ cuillère à café de poivre noir fraîchement moulu

Instructions:

Préchauffer le four à 350°F. Placez du papier sulfurisé ou du papier d'aluminium sur la plaque. Laissez le pain s'humidifier sous l'eau et essorez l'excédent de pain. Cassez le pain moelleux en petits morceaux et placez-le dans un bol moyen.

Ajouter la dinde, l'œuf, la chapelure, l'ail, l'oignon rouge, le persil, la menthe, l'origan, le sel marin et le poivre. Bien mélanger. Façonnez le mélange en boules de la taille de 1/4 tasse. Placer les boulettes de viande sur la plaque à pâtisserie préparée et cuire au four environ 25 minutes ou jusqu'à ce que la température interne atteigne 165°F.

Nutrition (pour 100 g) : 350 calories 6 g de matières grasses 10 g de glucides 42 g de protéines 842 mg de sodium

Agneau aux haricots

Temps de préparation : 10 minutes

Temps de cuisson : 1 heure

Portions : 6

Difficulté : difficile D

Ingrédients:

- ¼ tasse d'huile d'olive extra vierge, divisée
- 6 côtelettes d'agneau débarrassées de l'excès de gras
- 1 cuillère à café de sel marin, divisé
- ½ cuillère à café de poivre noir fraîchement moulu
- 2 cuillères à soupe de purée de tomates
- 1½ tasse d'eau chaude
- 1 livre de haricots verts, parés et coupés en deux sur la largeur
- 1 oignon, haché
- 2 tomates hachées

Instructions:

Faites chauffer 2 cuillères à soupe d'huile d'olive dans une grande poêle jusqu'à ce qu'elle brille. Assaisonnez les côtelettes d'agneau avec ½ cuillère à café de sel marin et 1/8 cuillère à café de poivre. Faire revenir l'agneau dans l'huile chaude pendant environ 4 minutes de chaque côté, jusqu'à ce qu'il soit doré des deux côtés. Mettez la viande dans une assiette et laissez-la de côté.

Remettez la poêle sur le feu et ajoutez les 2 cuillères à soupe d'huile d'olive restantes. Il chauffe jusqu'à ce qu'il brille.

Dissoudre le concentré de tomates dans l'eau chaude dans un bol. Ajouter dans la poêle chaude avec les haricots verts, l'oignon, les tomates et le reste de ½ cuillère à café de sel de mer et ¼ de cuillère à café de poivre. Portez à ébullition et utilisez une cuillère latérale pour gratter les morceaux dorés du fond de la casserole.

Remettez les côtelettes d'agneau dans la poêle. Porter à ébullition et réduire le feu à moyen-doux. Cuire pendant 45 minutes jusqu'à ce que les haricots soient tendres, en ajoutant plus d'eau au besoin pour ajuster l'épaisseur de la sauce.

Nutrition (pour 100 g) : 439 calories 4 g de matières grasses 10 g de glucides 50 g de protéines 745 mg de sodium

Poulet à la sauce tomate balsamique

Temps de préparation : 10 minutes

il est temps de cuisiner: 20 minutes

Portions : 4

Niveau de difficulté : Moyen

INGRÉDIENTS

- 2 (8 oz ou 226,7 g chacune) poitrines de poulet désossées et sans peau
- ½ c. Sel-
- ½ c. poivre moulu
- 3 cuillères. Huile d'olive vierge extra
- ½ tasse de tomates cerises coupées en deux
- 2 cuillères. échalote hachée
- ¼ tasse de vinaigre balsamique
- 1 cuillère. ail haché
- 1 cuillère. graines de fenouil grillées, écrasées
- 1 cuillère. beurre

Instructions:

Coupez la poitrine de poulet en 4 morceaux et pilez-la avec un maillet jusqu'à ce qu'elle ait ¼ de pouce d'épaisseur. Utilisez ¼ de cuillère à café de poivre et de sel pour enrober le poulet. Faites chauffer deux cuillères à soupe d'huile dans une poêle et maintenez-la sur feu moyen. Faites frire les poitrines de poulet pendant trois minutes de chaque côté. Placer sur une assiette de service et couvrir de papier d'aluminium pour garder au chaud.

Ajouter 1 cuillère à soupe d'huile, les échalotes et les tomates dans la poêle et cuire jusqu'à ce qu'elles soient tendres. Ajoutez le vinaigre et faites cuire le mélange jusqu'à ce que le vinaigre soit réduit de moitié. Ajoutez les graines de fenouil, l'ail, le sel et le poivre et laissez cuire environ quatre minutes. Retirer du feu et incorporer le beurre. Versez cette sauce sur le poulet et servez.

Nutrition (pour 100 g) : 294 calories 17 g de matières grasses 10 g de glucides 2 g de protéines 639 mg de sodium

Salade de riz brun, feta, petits pois frais et menthe

Temps de préparation : 10 minutes
il est temps de cuisiner: 25 minutes
Portions : 4
Niveau de difficulté : Facile

Ingrédients:

- 2 cuillères à soupe de riz brun
- 3 tasses d'eau
- Sel
- 5 onces. ou 141,7 g de feta émiettée
- 2 tasses de petits pois bouillis
- ½ tasse de menthe fraîche hachée
- 2 cuillères. huile d'olive
- sel et poivre

Instructions:

Mettez le riz brun, l'eau et le sel dans une casserole à feu moyen-vif, couvrez et portez à ébullition. Baissez le feu et laissez mijoter jusqu'à ce que l'eau soit dissoute et que le riz soit tendre mais moelleux. Laissez-le refroidir complètement

Mettez la feta, les petits pois, la menthe, l'huile d'olive, le sel et le poivre dans un saladier avec le riz refroidi et mélangez. Servez et dégustez !

Nutrition (pour 100 g) : 613 calories 18,2 g de matières grasses 45 g de glucides 12 g de protéines 755 mg de sodium

Pain pita de blé entier farci aux olives et pois chiches

Temps de préparation : 10 minutes
il est temps de cuisiner: 20 minutes
Portions : 2
Niveau de difficulté : Moyen

Ingrédients:

- 2 poches de pita de blé entier
- 2 cuillères. huile d'olive
- 2 gousses d'ail, hachées
- 1 oignon, haché
- ½ c. graines de cumin
- 10 olives noires, hachées
- 2 cuillères à soupe de pois chiches bouillis
- sel et poivre

Instructions:

Découpez les poches de pita et réservez, baissez le feu à moyen-vif et allumez la poêle. Ajouter l'huile d'olive et faire chauffer. Ajoutez l'ail, l'oignon et le cumin dans la poêle chaude et remuez jusqu'à ce que l'oignon ramollisse et que le cumin soit parfumé. Ajouter les olives, les pois chiches, le sel, le poivre et remuer jusqu'à ce que les pois chiches soient dorés.

Retirez la casserole du feu et écrasez grossièrement les pois chiches avec une cuillère en bois en laissant un côté intact et un autre écrasé. Faites chauffer les poches de pita au micro-ondes, au four ou dans une poêle propre sur la cuisinière

Remplissez-les de votre mélange de pois chiches et dégustez !

Nutrition (pour 100 g) : 503 calories 19 g de matières grasses 14 g de glucides 15,7 g de protéines 798 mg de sodium

Carottes rôties aux noix et haricots cannellini

Temps de préparation : 10 minutes
il est temps de cuisiner: 45 minutes
Portions : 4
Niveau de difficulté : Moyen

Ingrédients:

- 4 carottes pelées, hachées
- 1 tasse de noix
- 1 cuillère. Valentini
- 2 cuillères. huile d'olive
- 2 tasses de haricots cannellini, égouttés
- 1 branche de thym frais
- sel et poivre

Instructions:

Préchauffer le four à 400 F/204 C et tapisser une plaque à pâtisserie ou un moule de papier parchemin. Disposez les carottes et les noix sur une plaque à pâtisserie ou une plaque recouverte de papier sulfurisé. Verser un filet d'huile d'olive et de miel sur les carottes et les noix, en remuant pour enrober chaque morceau.

Saupoudrer les haricots sur un plateau et y plonger les carottes et les noix.

Ajoutez le thym et assaisonnez de sel et de poivre. Mettez la plaque au four et faites cuire environ 40 minutes.

Servir et déguster

Nutrition (pour 100 g) : 385 calories 27 g de matières grasses 6 g de glucides 18 g de protéines 859 mg de sodium

Poulet au beurre épicé

Temps de préparation : 10 minutes

il est temps de cuisiner: 25 minutes

Portions : 4

Niveau de difficulté : Moyen

Ingrédients:

- ½ tasse de crème épaisse
- 1 cuillère. Sel
- ½ cuillère à café de bouillon d'os
- 1 cuillère. poivre
- 4 cuillères. beurre
- 4 moitiés de poitrine de poulet

Instructions:

Placez une casserole sur le feu à feu moyen-vif et ajoutez une cuillère à soupe de beurre. Une fois le beurre chaud et fondu, ajoutez le poulet et faites-le revenir cinq minutes de chaque côté. Au bout de ce temps, le poulet doit être cuit et doré ; Si c'est le cas, mettez-le dans l'assiette.

Ajoutez ensuite le bouillon d'os dans la poêle chaude. Ajouter la crème épaisse, le sel et le poivre. Laissez ensuite la casserole tranquille jusqu'à ce que la sauce commence à bouillir. Laissez ce processus durer cinq minutes pour épaissir la sauce.

Enfin, ajoutez le reste du beurre et remettez dans la poêle. Assurez-vous d'utiliser une cuillère pour verser la sauce sur le poulet et étouffez complètement. Servir

Nutrition (pour 100 g) : 350 calories 25 g de matières grasses 10 g de glucides 25 g de protéines 869 mg de sodium

Poulet au double fromage et bacon

Temps de préparation : 10 minutes

il est temps de cuisiner: 30 minutes

Portions : 4

Niveau de difficulté : Facile

Ingrédients:

- 125 grammes. ou 113 g de fromage à la crème
- 1 cuillère à soupe de cheddar
- 8 tranches de bacon
- sel de mer
- poivre
- 2 gousses d'ail, hachées finement
- Poitrine de poulet
- 1 cuillère. graisse de bacon ou beurre

Instructions:

Préchauffer le four à 400 F/204 C. Faire frire la poitrine de poulet jusqu'à ce qu'elle soit saignante.

Assaisonner avec du sel, du poivre et de l'ail, graisser une plaque à pâtisserie avec du beurre et y déposer le blanc de poulet. Tartiner le fromage à la crème et le cheddar sur la poitrine

Ajoutez les tranches de bacon, mettez la plaque au four pendant 30 minutes et servez chaud

Nutrition (pour 100 g) : 610 calories 32 g de matières grasses 3 g de glucides 38 g de protéines 759 mg de sodium

Crevettes au citron et poivre

Temps de préparation : 10 minutes

il est temps de cuisiner: Dix minutes

Portions : 4

Niveau de difficulté : Facile

Ingrédients:

- 40 crevettes décortiquées et décortiquées
- 6 gousses d'ail, hachées
- sel et poivre noir
- 3 cuillères. huile d'olive
- ¼ cuillère à café de paprika doux
- Une pincée de flocons de piment rouge moulu
- ¼ cuillère à café de zeste de citron râpé
- 3 cuillères. Xérès ou autre vin
- 1½ c. ciboulette hachée
- le jus d'1 citron

Instructions:

Réglez le feu à moyen-vif et allumez la poêle.

Ajouter l'huile et les crevettes, saupoudrer de poivre et de sel et cuire 1 minute. Ajouter le paprika, l'ail et les flocons de piment, remuer et cuire 1 minute. Incorporer délicatement le sherry et cuire encore une minute

Retirez les crevettes du feu, ajoutez la ciboulette et le zeste de citron, mélangez et répartissez les crevettes dans les assiettes. Arroser de jus de citron et servir

Nutrition (pour 100 g) : 140 calories 1 g de matières grasses 5 g de glucides 18 g de protéines 694 mg de sodium

Flétan cuit et assaisonné

Temps de préparation : 5 minutes

il est temps de cuisiner: 25 minutes

Portions : 4

Niveau de difficulté : Facile

Ingrédients:

- ¼ tasse de ciboulette fraîche hachée
- ¼ tasse d'aneth fraîchement haché
- ¼ cuillère à café de poivre noir moulu
- C. Chapelure Panko
- 1 cuillère. Huile d'olive vierge extra
- 1 cuillère à soupe de zeste de citron finement râpé
- 1 cuillère à soupe de sel marin
- 1/3 tasse de persil frais haché
- 4 filets de flétan (170 g chacun).

Instructions:

Dans un bol moyen, mélanger l'huile d'olive et le reste des ingrédients sauf les filets de flétan et la chapelure.

Ajouter les filets de flétan au mélange et laisser mariner 30 minutes. Préchauffer le four à 400°F. Tapisser une plaque à pâtisserie de papier d'aluminium et vaporiser d'enduit à cuisson. Trempez les filets dans la chapelure et disposez-les sur une plaque allant au four. Cuire au four pendant 20 minutes. Il est servi chaud

Nutrition (pour 100 g) : 667 calories 24,5 g de matières grasses 2 g de glucides 54,8 g de protéines 756 mg de sodium

Un simple zoodle

Temps de préparation : 10 minutes

il est temps de cuisiner: 5 minutes

Portions : 2

Niveau de difficulté : Facile

Ingrédients:

- 2 cuillères à soupe d'huile d'avocat
- 2 citrouilles moyennes, spiralées
- ¼ cuillère à café de sel
- Poivre noir fraîchement moulu, au goût

Instructions:

Dans une grande poêle à feu moyen-vif, chauffer l'huile d'avocat jusqu'à ce qu'elle brille. Ajoutez les nouilles de courgettes, le sel et le poivre noir dans la poêle et mélangez pour bien enrober. Cuire en remuant continuellement jusqu'à ce qu'il soit tendre. Servir chaud.

Nutrition (pour 100 g) : 128 calories 14 g de matières grasses 0,3 g de glucides 0,3 g de protéines 811 mg de sodium

Wraps de lentilles pour tomates

Temps de préparation : 15 minutes

il est temps de cuisiner: 0 minutes

Portions : 4

Niveau de difficulté : Facile

Ingrédients:

- 2 tasses de lentilles bouillies
- 5 tomates au rhum, coupées en dés
- ½ tasse de fromage feta râpé
- 10 grosses feuilles de basilic frais, tranchées finement
- ¼ tasse d'huile d'olive extra vierge
- 1 cuillère à soupe de vinaigre balsamique
- 2 gousses d'ail, hachées
- ½ cuillère à café de miel brut
- ½ cuillère à café de sel
- ¼ cuillère à café de poivre noir fraîchement moulu
- 4 grosses feuilles de chou, tiges enlevées

Instructions:

Mélangez les lentilles, les tomates, le fromage, les feuilles de basilic, l'huile d'olive, le vinaigre, l'ail, le miel, le sel et le poivre noir et mélangez bien.

Placez les feuilles de chou sur un plan de travail plat. Versez une quantité égale du mélange de lentilles sur les bords des feuilles. Rouler et couper en deux pour servir.

Nutrition (pour 100 g) : 318 calories 17,6 g de matières grasses 27,5 g de glucides 13,2 g de protéines 800 mg de sodium

Plat de légumes méditerranéen

Temps de préparation : 10 minutes

il est temps de cuisiner: 20 minutes

Portions : 4

Niveau de difficulté : Moyen

Ingrédients:

- 2 tasses d'eau
- 1 tasse de boulgour n°3 ou de quinoa, rincé
- 1½ cuillères à café de sel, divisé
- 1 pinte (2 tasses) de tomates cerises, coupées en deux
- 1 gros poivron, haché
- 1 gros concombre, tranché
- 1 tasse d'olives de Kalamata
- ½ tasse de jus de citron fraîchement pressé
- 1 tasse d'huile d'olive extra vierge
- ½ cuillère à café de poivre noir fraîchement moulu

Instructions:

Dans une casserole moyenne, porter l'eau à ébullition à feu moyen-vif. Ajoutez le boulgour (ou le quinoa) et 1 cuillère à café de sel. Couvrir et cuire 15 à 20 minutes.

Pour disposer les légumes dans 4 bols, divisez visuellement chaque bol en 5 parties. Réserver le boulgour cuit. Viennent ensuite les tomates, les poivrons, les concombres et les olives.

Incorporer le jus de citron, l'huile d'olive, la ½ cuillère à café de sel restante et le poivre noir.

Répartissez la vinaigrette uniformément dans 4 bols. Servir immédiatement ou couvrir et réfrigérer pour plus tard.

Nutrition (pour 100 g) : 772 calories 9 g de matières grasses 6 g de protéines 41 g de glucides 944 mg de sodium

Garnir de légumes grillés et de houmous

Temps de préparation : 15 minutes

il est temps de cuisiner: Dix minutes

Portions : 6

Niveau de difficulté : Moyen

Ingrédients:

- 1 grosse aubergine
- 1 gros oignon
- ½ tasse d'huile d'olive extra vierge
- 1 cuillère à café de sel
- 6 paquets de lavash ou gros pain
- 1 tasse de houmous crémeux traditionnel

Instructions:

Préchauffer une plaque chauffante, une grande poêle ou une grande poêle légèrement huilée à feu moyen-vif. Coupez l'aubergine et l'oignon en rondelles. Badigeonner les légumes d'huile d'olive et saupoudrer de sel.

Faites frire les légumes des deux côtés, environ 3 à 4 minutes de chaque côté. Pour faire un wrap, mettez du lavash ou du pita plat. Ajoutez environ 2 cuillères à soupe de houmous au papier d'aluminium.

Répartissez les légumes uniformément entre les emballages et placez-les sur un côté de l'emballage. Replier délicatement le côté végétal du wrap, fermer pour former un film serré.

Placez la couture d'emballage vers le bas et coupez-la en deux ou en tiers.

Vous pouvez également envelopper chaque sandwich dans une pellicule plastique pour conserver sa forme et le manger plus tard.

Nutrition (pour 100 g) : 362 calories 10 g de matières grasses 28 g de glucides 15 g de protéines 736 mg de sodium

Haricots verts espagnols

Temps de préparation : 10 minutes

il est temps de cuisiner: 20 minutes

Portions : 4

Niveau de difficulté : Facile

Ingrédients:

- ¼ tasse d'huile d'olive extra vierge
- 1 gros oignon, haché
- 4 gousses d'ail, hachées finement
- 1 kilogramme de haricots verts, frais ou surgelés, hachés
- 1½ cuillères à café de sel, divisé
- 1 boîte (15 onces) de tomates en dés
- ½ cuillère à café de poivre noir fraîchement moulu

Instructions:

Faites chauffer l'huile d'olive, l'oignon et l'ail; Cuire 1 minute. Coupez les haricots verts en morceaux de 2 pouces. Ajoutez les haricots verts et 1 cuillère à café de sel dans la casserole et remuez ; Cuire 3 minutes. Ajouter les tomates en dés, la ½ cuillère à café de sel restante et le poivre noir dans la casserole; cuire encore 12 minutes, en remuant de temps en temps. Servir chaud.

Nutrition (pour 100 g) : 200 calories 12 g de matières grasses 18 g de glucides 4 g de protéines 639 mg de sodium

Hachis rustique de chou-fleur et de carottes

Temps de préparation : 10 minutes
il est temps de cuisiner: Dix minutes
Portions : 4
Niveau de difficulté : Facile

Ingrédients:

- 3 cuillères à soupe d'huile d'olive extra vierge
- 1 gros oignon, haché
- 1 cuillère à soupe d'ail, émincé
- 2 tasses de carottes, coupées en dés
- 4 tasses de chou-fleur lavé
- 1 cuillère à café de sel
- ½ cuillère à café de cumin moulu

Instructions:

Faites cuire l'huile d'olive, l'oignon, l'ail et la carotte pendant 3 minutes. Coupez le chou-fleur en morceaux de 1 pouce ou en bouchées. Ajouter le chou-fleur, le sel et le cumin dans la poêle et mélanger avec les carottes et les oignons.

Couvrir et cuire 3 minutes. Ajoutez les légumes et laissez cuire encore 3 à 4 minutes. Servir chaud.

Nutrition (pour 100 g) : 159 calories 17 g de matières grasses 15 g de glucides 3 g de protéines 569 mg de sodium

Chou-fleur et tomates au four

Temps de préparation : 5 minutes

il est temps de cuisiner: 25 minutes

Portions : 4

Niveau de difficulté : Moyen

Ingrédients:

- 4 tasses de chou-fleur, coupé en morceaux de 1 pouce
- 6 cuillères à soupe d'huile d'olive extra vierge, divisées
- 1 cuillère à café de sel, divisé
- 4 tasses de tomates cerises
- ½ cuillère à café de poivre noir fraîchement moulu
- ½ tasse de parmesan râpé

Instructions:

Préchauffer le four à 425°C. Dans un grand bol, mélanger le chou-fleur, 3 cuillères à soupe d'huile d'olive et ½ cuillère à café de sel, en remuant uniformément. Placer en couche uniforme sur la plaque à pâtisserie.

Dans un autre grand bol, ajoutez les tomates, les 3 cuillères à soupe d'huile d'olive restantes et ½ cuillère à café de sel et mélangez uniformément. Verser sur un autre plateau. Rôtir les feuilles de chou-fleur et de tomates au four pendant 17 à 20 minutes, jusqu'à ce que le chou-fleur soit légèrement doré et que les tomates soient charnues.

A l'aide d'une spatule, déposez le chou-fleur dans un plat de service et saupoudrez de tomates, de poivre noir et de parmesan. Servir chaud.

Nutrition (pour 100 g) : 294 calories 14 g de matières grasses 13 g de glucides 9 g de protéines 493 mg de sodium

Courge poivrée au four

Temps de préparation : 10 minutes
il est temps de cuisiner: 35 minutes
Portions : 6
Niveau de difficulté : Moyen

Ingrédients:

- 2 courges poivrées, moyennes à grosses
- 2 cuillères à soupe d'huile d'olive extra vierge
- 1 cuillère à café de sel, et plus au goût
- 5 cuillères à soupe de beurre non salé
- ¼ tasse de feuilles de sauge hachées
- 2 cuillères à soupe de feuilles de thym frais
- ½ cuillère à café de poivre noir fraîchement moulu

Instructions:

Préchauffer le four à 400°C. Coupez la courge poivrée en deux dans le sens de la longueur. Grattez les graines et coupez-les horizontalement en tranches d'un pouce d'épaisseur. Dans un grand bol, mélanger la courge avec l'huile d'olive, saupoudrer de sel et remuer pour bien l'enrober.

Disposez la courge poivrée sur une plaque allant au four. Mettez-le sur une plaque à pâtisserie au four et faites cuire le potiron pendant 20 minutes. Retournez le potiron avec une spatule et enfournez encore 15 minutes.

Dans une casserole moyenne, faire fondre le beurre à feu moyen-vif. Ajoutez la sauge et le thym au beurre fondu et laissez cuire 30 secondes. Transférer les tranches de citrouille cuites dans une assiette. Versez le mélange de beurre et d'herbes sur la citrouille. Assaisonner avec du sel et du poivre noir. Servir chaud.

Nutrition (pour 100 g) : 188 calories 13 g de matières grasses 16 g de glucides 1 g de protéines 836 mg de sodium

Épinards à l'ail frit

Temps de préparation : 5 minutes

il est temps de cuisiner: Dix minutes

Portions : 4

Niveau de difficulté : Facile

Ingrédients:

- ¼ tasse d'huile d'olive extra vierge
- 1 gros oignon, tranché finement
- 3 gousses d'ail hachées
- 6 sacs (1 lb) de bébés épinards, lavés
- ½ cuillère à café de sel
- 1 citron, coupé en tranches

Instructions:

Dans une grande poêle, faire revenir l'huile d'olive, l'oignon et l'ail à feu moyen-vif pendant 2 minutes. Ajoutez le sachet d'épinards et ½ cuillère à café de sel. Couvrez la poêle et laissez les épinards flétrir pendant 30 secondes. Répétez le processus (sans sel) en ajoutant 1 sac d'épinards à la fois.

Lorsque vous avez ajouté tous les épinards, retirez le couvercle et laissez cuire 3 minutes pour évaporer une partie de l'humidité. Servir chaud avec le zeste de citron dessus.

Nutrition (pour 100 g) : 301 calories 12 g de matières grasses 29 g de glucides 17 g de protéines 639 mg de sodium

Courgettes rôties à l'ail et à la menthe

Temps de préparation : 5 minutes

il est temps de cuisiner: Dix minutes

Portions : 4

Niveau de difficulté : Facile

Ingrédients:

- 3 grosses citrouilles vertes
- 3 cuillères à soupe d'huile d'olive extra vierge
- 1 gros oignon, haché
- 3 gousses d'ail hachées
- 1 cuillère à café de sel
- 1 cuillère à café de menthe sèche

Instructions:

Coupez les courgettes en cubes de ½ pouce. Faites revenir l'huile d'olive, l'oignon et l'ail pendant 3 minutes en remuant constamment.

Ajouter les courgettes et le sel dans la poêle, incorporer l'oignon et l'ail et cuire 5 minutes. Ajoutez la menthe dans la poêle et mélangez. Cuire encore 2 minutes. Servir chaud.

Nutrition (pour 100 g) : 147 calories 16 g de matières grasses 12 g de glucides 4 g de protéines 723 mg de sodium

Compote de gombo

Temps de préparation : 55 minutes
il est temps de cuisiner: 25 minutes
Portions : 4
Niveau de difficulté : Facile

Ingrédients:

- ¼ tasse d'huile d'olive extra vierge
- 1 gros oignon, haché
- 4 gousses d'ail, hachées finement
- 1 cuillère à café de sel
- 1 kilogramme de gombo frais ou surgelé, pelé
- 1 boîte (15 onces) de sauce tomate ordinaire
- 2 tasses d'eau
- ½ tasse de coriandre fraîche, finement hachée
- ½ cuillère à café de poivre noir fraîchement moulu

Instructions:

Remuer et faire revenir l'huile d'olive, l'oignon, l'ail et le sel pendant 1 minute. Incorporer le gombo et cuire 3 minutes.

Ajouter la sauce tomate, l'eau, la coriandre et le poivre noir; remuer, couvrir et laisser mijoter 15 minutes en remuant de temps en temps. Servir chaud.

Nutrition (pour 100 g) : 201 calories 6 g de matières grasses 18 g de glucides 4 g de protéines 693 mg de sodium

Poivrons doux farcis aux légumes

Temps de préparation : 20 minutes

il est temps de cuisiner: 30 minutes

Portions : 6

Niveau de difficulté : Moyen

Ingrédients:

- 6 gros poivrons de couleurs différentes
- 3 cuillères à soupe d'huile d'olive extra vierge
- 1 gros oignon, haché
- 3 gousses d'ail hachées
- 1 carotte, hachée
- 1 boîte (16 onces) de pois chiches, rincés et égouttés
- 3 tasses de riz cuit
- 1½ cuillères à café de sel
- ½ cuillère à café de poivre noir fraîchement moulu

Instructions:

Préchauffer le four à 350°F. Assurez-vous de choisir des poivrons qui peuvent tenir debout. Coupez le chapeau du poivron et retirez les graines, en réservant le chapeau pour plus tard. Mettez les poivrons dans la poêle.

Faites chauffer l'huile d'olive, l'oignon, l'ail et la carotte pendant 3 minutes. Incorporer les pois chiches. Cuire encore 3 minutes. Retirer du feu et placer les ingrédients cuits dans un grand bol. Ajouter le riz, le sel et le poivre; mélanger pour combiner.

Farcissez chaque poivron dessus puis placez les chapeaux sur les poivrons. Couvrir le moule de papier d'aluminium et cuire au four pendant 25 minutes. Retirez le papier d'aluminium et faites cuire encore 5 minutes. Servir chaud.

Nutrition (pour 100 g) : 301 calories 15 g de matières grasses 50 g de glucides 8 g de protéines 803 mg de sodium

Moussaka aux aubergines

Temps de préparation : 55 minutes

il est temps de cuisiner: 40 minutes

Portions : 6

Difficulté : difficile D

Ingrédients:

- 2 grosses aubergines
- 2 cuillères à café de sel, divisées
- Arroser d'huile d'olive
- ¼ tasse d'huile d'olive extra vierge
- 2 gros oignons, tranchés
- 10 gousses d'ail, tranchées
- 2 boîtes (15 onces) de tomates en dés
- 1 boîte (16 onces) de pois chiches, rincés et égouttés
- 1 cuillère à café d'origan séché
- ½ cuillère à café de poivre noir fraîchement moulu

Instructions:

Coupez l'aubergine horizontalement en tranches rondes de ¼ de pouce d'épaisseur. Saupoudrez les tranches d'aubergines d'1 cuillère à café de sel et placez-les dans une passoire pendant 30 minutes.

Préchauffer le four à 450°F. Séchez les tranches d'aubergines avec une serviette en papier et vaporisez chaque côté d'un spray d'huile d'olive ou badigeonnez légèrement chaque côté d'huile d'olive.

Disposez les aubergines en une seule couche sur une plaque à pâtisserie. Mettre au four et cuire 10 minutes. Ensuite, à l'aide d'une spatule, retournez les tranches et enfournez encore 10 minutes.

Faire revenir l'huile d'olive, l'oignon, l'ail et la cuillère à café de sel restante. Cuire 5 minutes en remuant rarement. Ajouter les tomates, les pois chiches, l'origan et le poivre noir. Cuire 12 minutes en remuant de temps en temps.

Dans une cocotte profonde, commencez par superposer, en commençant par l'aubergine puis la sauce. Répétez jusqu'à ce que tous les ingrédients soient utilisés. Cuire au four pendant 20 minutes. Retirer du four et servir chaud.

Nutrition (pour 100 g) : 262 calories 11 g de matières grasses 35 g de glucides 8 g de protéines 723 mg de sodium

Feuilles de vigne farcies aux légumes

Temps de préparation : 50 minutes

il est temps de cuisiner: 45 minutes

Portions : 8

Niveau de difficulté : Moyen

Ingrédients:

- 2 tasses de riz blanc, rincé
- 2 grosses tomates, hachées finement
- 1 gros oignon, finement haché
- 1 oignon nouveau, finement haché
- 1 tasse de persil italien frais, finement haché
- 3 gousses d'ail hachées
- 2½ cuillères à café de sel
- ½ cuillère à café de poivre noir fraîchement moulu
- 1 tasse (16 onces) de feuilles de vigne
- 1 tasse de jus de citron
- ½ tasse d'huile d'olive extra vierge
- 4 à 6 tasses d'eau

Instructions:

Mélangez le riz, les tomates, l'oignon, la ciboule, le persil, l'ail, le sel et le poivre noir. Égouttez et rincez les feuilles de vigne. Préparez une grande casserole en plaçant une couche de feuilles de vigne au fond. Posez chaque feuille à plat et coupez les tiges.

Placez 2 cuillères à soupe de mélange de riz au bas de chaque feuille. Pliez les côtés puis roulez le plus étroitement possible. Placez les feuilles de vigne roulées dans la marmite et aplatissez chaque feuille de vigne roulée. Superposez ensuite les feuilles de vigne roulées.

Versez délicatement le jus de citron et l'huile d'olive sur les feuilles de vigne et ajoutez suffisamment d'eau pour couvrir les feuilles de vigne de 1 pouce. Placez une assiette lourde, plus petite que l'ouverture du pot, à l'envers sur les feuilles de vigne. Couvrez la casserole et faites cuire les feuilles à feu moyen-vif pendant 45 minutes. Laisser reposer 20 minutes avant de servir. Servir chaud ou froid.

Nutrition (pour 100 g) : 532 calories 15 g de matières grasses 80 g de glucides 12 g de protéines 904 mg de sodium

Rouleaux d'aubergines grillés

Temps de préparation : 30 minutes

il est temps de cuisiner: Dix minutes

Portions : 6

Niveau de difficulté : Moyen

Ingrédients:

- 2 grosses aubergines
- 1 cuillère à café de sel
- 4 onces de fromage de chèvre
- 1 tasse de ricotta
- ¼ tasse de basilic frais, finement haché
- ½ cuillère à café de poivre noir fraîchement moulu
- Arroser d'huile d'olive

Instructions:

Coupez le dessus des aubergines et coupez-les dans le sens de la longueur en tranches de ¼ de pouce. Saupoudrez les tranches de sel et placez l'aubergine dans une passoire pendant 15 à 20 minutes.

Fromage de chèvre, ricotta, basilic et poivre. Préchauffer une plaque chauffante, une poêle ou une plaque légèrement huilée à feu moyen-vif. Séchez les tranches d'aubergines et vaporisez légèrement d'huile d'olive. Placez les aubergines sur la plancha, le grill ou la poêle et faites cuire 3 minutes de chaque côté.

Retirez l'aubergine du feu et laissez-la refroidir 5 minutes. Pour rouler, déposez une tranche d'aubergine, déposez une cuillerée de mélange de fromage au fond de la tranche et roulez. Servir immédiatement ou réfrigérer jusqu'au moment de servir.

Nutrition (pour 100 g) : 255 calories 7 g de matières grasses 19 g de glucides 15 g de protéines 793 mg de sodium

Kishuves croustillants aux courgettes

Temps de préparation : 15 minutes

il est temps de cuisiner: 20 minutes

Portions : 6

Niveau de difficulté : Facile

Ingrédients:

- 2 grosses citrouilles vertes
- 2 cuillères à soupe de persil italien finement haché
- 3 gousses d'ail hachées
- 1 cuillère à café de sel
- 1 tasse de farine
- 1 gros oeuf, battu
- ½ tasse d'eau
- 1 cuillère à café de levure chimique
- 3 tasses d'huile végétale ou d'avocat

Instructions:

Râpez les courgettes dans un grand bol. Mettez le persil, l'ail, le sel, la farine, l'œuf, l'eau et la levure chimique dans un bol et mélangez. Dans une grande poêle ou une friteuse, chauffer l'huile à 365 °F à feu moyen.

Versez la pâte à beignets dans l'huile chaude. Retournez les beignets avec une écumoire et faites-les frire jusqu'à ce qu'ils soient dorés, environ 2 à 3 minutes. Égouttez les beignets de l'huile et placez-les sur une plaque à pâtisserie recouverte de papier absorbant. Servir chaud avec du tzatziki crémeux ou du houmous traditionnel crémeux comme trempette.

Nutrition (pour 100 g) : 446 calories 2 g de matières grasses 19 g de glucides 5 g de protéines 812 mg de sodium

www.ingramcontent.com/pod-product-compliance
Lightning Source LLC
Chambersburg PA
CBHW071835110526
44591CB00011B/1331